呂思勉 著

# 呂思勉手稿珍本叢刊

## 中國古代史札録

17

心理生理生物遺傳

人物

上海古籍出版社

# 第十七册目録

心理生理生物遺傳

**人物**

# 心理生理生物遺傳

# 心理生理生物遺傳提要

「心理生理生物遺傳」一包札録，内分「心理」「生理」「人類」「種族」「生物」和「遺傳」六札，其中「遺傳」一札又分兩小札。這包札録，大部分是報刊雜誌的剪貼，也夾有三十餘頁手稿，都是讀《社會科學史綱》《教育原理》等書籍的筆記，也有幾頁是從《漢書》《後漢書》《梁書》《南史》《北史》等史籍裏摘出的資料。

吕先生的讀書筆記，大都摘録觀點或要點，或記注書名和頁碼。史籍資料的摘録，通常在紙角上標出分類名稱，有些札録也寫有題頭，如第一、三頁「人死復生」「南北衰老遲早」等等。資料都是節録或剪貼史籍原文，並注明篇名卷第；未録原文的，就在題頭下注明篇名頁碼，如「人死復生」注「漢書廿七下之上10上」(即《漢書》卷二七下之上第十頁正面)。有些札録還加有先生的按語，如第三、四頁「案：梁武之克享大年，或減食瘦削之效也」。第九頁「本能所組成之心，視其所愛而定。案：此與陸子論君子喻義小人喻利之旨相通」等。

本包也多剪報資料，此次整理未予收録；札録的手稿部分，均按原樣影印刊出。

生理

齒與牙之別。說文句讀卷四補正

人死復生。漢書廿七下之上卌上

行為。吾人記憶常將之于舊行動業為記憶種子積合　每

積合即成行為　行為之進化階段可於動物胎中見之階段

查高爾登氏精細

生理

「權其眼」潛夫論五行志注卜列：古曰權，權謂敲擊去其精也（卅七中之上跋）

「偶人自相令戰曰禮川者持」潛夫論（卅七下之上跋）

屬巫蠱。續漢書五行志：靈帝光和元年，司徒長史馮巡言：生人風俗通曰注

以蠱生孫子，向者見手頭又肢一頭，乃拜此以為生子（卅七上跋）

「相人」諸人見貝，潛夫論嘲生傳（四一上跋）東海人得之於人

武五子傳：昌邑王賀夢青蠅之矢積西階東，遂曰：

陛下左側讒人衆多，如是青蠅惡矣。「師古曰：以爲青蠅矢也

內殘而吳王當爲其親也」

「非安也」此亦須也。方朔傳注（陳四九下）

[redacted]宜於陽氣通暢。陳書蕭巴傳：師于世以實於緒中擦身補其寒，令……

如陽無通暢白之氣也（卅七上跋）

生理

南北寒暑遲早。西安頭協付，以樂寒暑之於帝。帝畢至問年。帝言三十有五。帝曰北方高寒，四十強仕；南方卑濕，三十已衰，如弱便為已老……（以上二壯）

晉書王彪之傳：彪之年二十，鬚鬢皓白。時人謂之王白鬚。（七六壯）

長人。○晉書安南帝傳（全八壯）

梁書賀琛傳：高祖召主書於前，口授敕責琛曰：朕三更出理事，隨事多少。事少或中前得竟。或事多，至日昃方得就食。日常一食。若晝若夜。無有定時。疾苦之日。或亦再食。昔要腹過於十圍。今之瘦削。纔二尺餘。舊帶猶存。非為妄說……（四八壯）[illegible]

建亨六年遂滅合渡劉之政也

重瞳。北史魚俱羅傳：俱羅相表異人，目有重瞳，陰為隋煬帝之所

忌，殺之。思廷

# 心理

情緒之發生，由於這當腦中若干優力物質輸入血液方能發

部發散動而顯著程度，使人有所作為，然則為之影響遠

種智慧為質，而可去者屬可以用之，與其被其情緒制裁不

如知情緒之所由來而謀控制之

強制使生物實體在生理上亦非所宜

而心不可分，心靈乃一種精神不能達到之種種離則出見

必須別二者，例者曰，心理環境乃有機體與環境接觸而後發

生

# 心理

社会生活与理性力之限制。如須探索然何處以神話宗教行傳說以至觀論宇宙者不受理性裁制者始多更嗇不可知其他人之知識如何對趨通于今則須決大規模之改進後難耳

潛意識之神秘。可以近代生理學与心的重新解釋之（由機制化之情緒及）繼續之研究中求之

雜

社會則由改造了環境則對以意志作用阻抑之結的習慣的衝動

本能不足信。先天及本能固不可否認，但本能不久即由習慣所據。於社會心理學僅以本能解釋，如難成立

神經系統造成統一人格。積合才能各部分成一統一之機體，使之常於變化的環境作整個的反應。動物生機體最高的整合於此。故因心之職在於各部分造成統一之人格。個體集合而成複雜動物之生機體，即社會也。其對於個體利益於社會利益之中，其必受神經系統中最高者之最控即精神之節

心理

習慣與秩序之關係。惟習慣使人安於其位不以其苦而去業之，而勉於其中求利，故使階級不相越

欲望〔之新〕僅指反應之甚於反射者。亦可曰基本的傾向 則進

成爲模擬度成於環境

社會心理學晚近之發展。一則爲應心理學二以統計法應用於團體現象。此乃將嚴格的科學的實驗法不能研究之材料加以實驗者也

組成社會行爲之心之三部分。曰衝動與生俱來不易轉移而

附麗於習慣。曰習慣衛於之環境影響組織而成不能適應則發生變化。此時知力發生作用 曰知力。人由此以改進其

心理

以內省或以儀器測量其簡單反應夫儀器所測只其機械的身與他人之關係及其他繁複現象不可知也　社會心理學須建築於個人心理之上以心之機械聚合為基而不止於是兼及其動機與其內容不止於如何思想動作而兼及於何以故而思想動作夫僅機械不能解決人類與動機問題也　社會科學兼個體及社會方面以釋社會實際性質或較易解釋社會進步問題

本能所組織之心視其所受而定○案此與陸子論君子喻義小人喻利之旨相通

個人之行動不能超出其環境中他人行為之外○文化進步視個人與社會能否保其均衡

心理

阻止的傾向。短期勞動不善適應由此

動機非與生俱來。由先天性與學習聯合而成

工業制度之強迫易使存留心理增加。此義亦可以論宗教

社會心理學。研究個體之行爲以其刺激他人反應他人者爲

限。研究個體之意識以其反應社會者爲限。研究個人的人

格與其社會環境之關係。所謂心理知力非生而具是乃生

活陶鑄而成（如家庭學校城市等）。觀工業時代城市生活工業分化更適

便利階級爭鬥等所引起之變化可知。故知力之發展與社會

制度之發展不可分。心理學的社會的物質的環境隔離孤立

研究個體非也。社會學僅重制度不論個人亦非　心理學義

# 心理

不須學習之反應。曰驚懼曰仁愛曰忿怒
其懼黑暗及某種物體。乃由黑闇與某種物體與驚懼造成聯合
仁之廣狹。如愛國愛家愛天下乃由本性時形發展
忿怒之原。由筋肉運動受拘束　與社會束縛成聯合萬節時
時於彼處由此有人力反社會禁其亦由此
人類。不因之習還陸續建築於先天基礎上乃成人類
本能不足信。見社會科學史綱社會心理學叢書242 247　人之行
為乃錯綜複雜之傾向態度與習慣組成人類必非首肯之本
能所能所可說明也　至本能初謂有機械式之設亦棄之
但亦有鼓動力者

心理

本能。不意而能不先知其目的而能達到某種目的 吮吸嚥鷄雛啄等為固定之機械反射 築巢等則化為慣性創造於對於刺激複雜動作矣

模倣。見他人之行為引起與此相關之特殊的本能及觀念與衝動

服從與領袖。此由於本性依賴人因本性之支配受男子之支配 此發展為有力之社會制裁

浪費之風。時尚在初直接自從皆由於直接信貴之可引人注意之

交替反射。無定向之動作與特種刺激反應發生聯念而成。後來 如交替刺激亦可引起元始反應 如餓而哭之而由母擁抱乃見母即哭

心理

本能○遺傳的或先天的心之傾向，不得不覺知某，不得不注意某情緒，不得不衝動，不得不有某種動作或傾向，此動作之衝動經驗合為較複雜之情緒ミミミミ，以固定之實物為中心加以組織則成情操。本能情緒隸一目的或理想下則發展成一貫之人格。意志使注意集於目的且能支配行為，成道德問題，成為一社會心理學問題

本能種類○驚懼逃避　厭惡拒絕　驚異好奇　鬥爭　謙遜自卑

驕矜自誇　仁慈之父母之愛　生殖　友愛　集合　貪得　贈示

模倣　嫉妒　感謝　離居　揶揄　游戲　本能不能消滅

疏離能使之向另一方向發展耳

生心理

## 人倫

人品

- 白癡
- 次白癡
- 低材
- 遲鈍
- 中材
- 優異
- 高材
- 天才
- 超天才

吾人所假定之常人則其間互相連接

畫一綫則中間最多而兩端漸降。

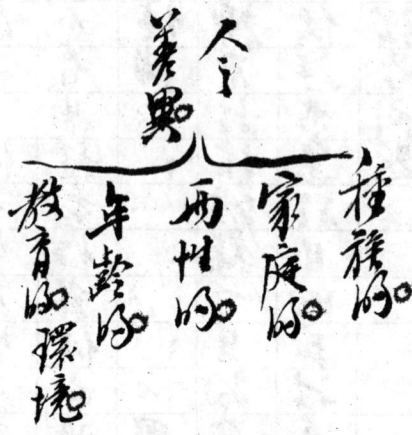

人之差異。

- 種族的。
- 家庭的。
- 兩性的。
- 年齡的。
- 教育的環境。

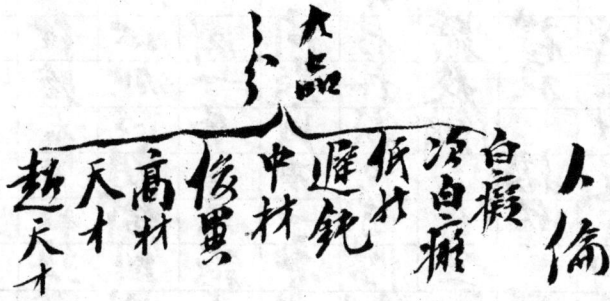

生心理

可塑性 見教育原理151

人遺傳及環境較多而多變 彼此相衝突或相抑阻或相助長成新行為 是為可塑性 亦要代代[illegible][illegible]

幼稚期。

從人生材為科么群模樣材非特未得合格作[illegible]

下等動物鄰。大部使能作用。成乎生曾。人而是。一般

個體遺傳適應。人受遺傳所限。但其材料既。樓

極之之完全操縱

教育乃由此致

復演說之謬 教育原理頁157

此說謂個體發育（本身）依種族進化程序為大 教育

家國民族化身經說 從由實驗而創實業之心。

集由社會勢力。非生理心理學之心。

生心理

生理

一、補償說之非

謂嗇於此者豐于彼。此說不然。得于某方，得于彼。推在某方面 仍可高傳 該種特性相[illegible]關。至人有多方

特殊型。測其少數基本特性，即可知其所屬之殊型。誤也。若即以精神動推之種特性更偏於微之說。

頗是事實。

心理

人格

成多個我　調和習慣衝動。使内部一致。

是曰人格　其調和失敗十分之三、較高之社會

科學家。

心理

本能

構造之一種組合其組合受刺戟之反應（之如何錯綜內部吾不知也）科學者義於而非皆生於本能何謂以便之說耶。

反射作物而聯閉。在前。本能為反射團塊。乃較比反應常住之繼續。或受刺戟變鍾不受刺戟寧生種續之反應。如本能加變遷傳播也。所決定之之後雜組而起。與訓練其憶為小程轉者

雷震頓

本能定義云。不學而能。繼續影響行為之遺傳。其稱學家
學之習之。定成。博一定之持續動作
本能以外。習慣所致者。尤大習慣遺傳雜合象徵
性質時。其基原於本能之耶。視環境及有待當
等動境及應減。擴大動境與良意識失
任動而已。本能衝動。動而本。本能衝動。使宗之一切活
動。因而終以達到目的之加。凡衝動之衝動。應指導
命運之衝動。發育指導之本能之適當之反應。及本能之
反應

心理

習慣

神經原与神經鍵相連，本由甲至乙，今由甲至丙。其發力多少計焉。由甲至丙之途徑，抵抗力最小。

記。習慣其中大有乃生物的化學与物理也。

# 娛樂

民之原素一為活動一為休息　休息非謂與絕對勞動相對　且其非絕對勞動

何以藉静此類之説即無不由身體之事

蓋道民活之生不求養者是為娛樂

工作遊戲無截然之界　但其性質全同　而遊戲

也

今之娛在(一)工作之年限(二)教育太劇烈　凡作業皆有成

使生活力不得發揮之

凡人之活動不得不全部　被遺之部遊戲為補償之

其目遊戲乃非但娛樂　且得完全發展

如學校實有之体操　方面多之大意即應與諸共各方

面之節義以禮儀　並其友誼　精西課外活動

于藉此來

今操業之惡於及社會實害於人　鄉村建行後耗

城市宗者淫靡且借少數人之　一弄其享■沈湎

操業之原指的且傳書乃對於和之如之樂

蘭州北京原人齒化石

三十四年九月二十六日中央社電：國立甘肅科學教育館研究員王永炎整理北京赴武都所得化石，北京原人齒化石一枚……據定……在北平原人以前原始原人所得

# 種族

人種之分亞類或種系　社会科学史
個册三页 207

生物

[redacted]徒養育○論衡奇怪篇物不育土○因非土所生○土徒養育也○母之生子亦然○卷三　感應篇天之施氣地之產物○卷五

天之所生上首地之所生下首　大戴記曾子天圓　又注人首圓

是旁擊之天地　蓋上首猶動物

下首猶植物耳

吐氣含氣內景外景施化○曾子天圓參嘗聞之夫子曰天道曰圓地道曰方方曰幽而圓曰明明者吐氣者也是故外景幽者含氣者也是故內景故火日外景而金水內景吐氣者施含氣者化是以陽施而陰化也

陽之精氣曰神陰之精氣曰靈神靈者品物之本也○曾子天圓文

生物

遺傳原口及動物均以有撰得出遺傳質々々々人不能解故動植物皆不可預測更無論控制矣米秋林之說則相反

猶同種魏斯曼云不能遺傳 故兒童之學其背脚之點仍與第一代同 其進境亦能較第一代加遠

遺傳（附男女）

生殖細胞　染色體子の變　其性可構

此一對女性染色體稱X、男只……細胞 Y　染色體　男

雄一的X、Y　染色體　與雌生殖細胞結合成　女　男

理論上相等　但事實上男多于女

男

黃　一〇三·六

白　一〇四·〇

德　一〇五·[illegible]

女一〇〇　共相比較

西班　一〇八·三

意　一〇六·〇

# 遺傳

短人娶長妻○後漢馮勤傳曾祖父揚……八子……兄弟形皆偉壯，唯勤祖父偃長不滿七尺，常自恥短陋，恐子孫之似也，乃為子伉娶長妻，伉生勤，長八尺三寸（四六紙）

內外累世長大○三國司馬朗傳十二試經為童子郎，監試者以其身體壯大，疑朗匿年，劾問，朗曰：朗之內外累世長大（十五紙）

遺傳

遺家之環境派哲學 實行之法 生育節制 移民 人生

改良學1915創之 論由環境改良人種矣

選擇首論個人不當論種族○種族之能力之差遠較種內爲

子爲小 種族之顯著之差異在其氣質不在其能力

測驗所分智愚等級○見科社全科學史綱冊三頁202 203來其福斯

育不宜物一例非是

# 遺傳

習得性能否遺傳 社會科學史綱三冊頁179—188

突變説 又188 189 190 突變即染色體之改組 又192

遺傳學 又189

變異之遲亦係有突變。三百萬年前之昆蟲遺蛻含於琥珀中與今日無異。高等哺乳動物在天演中變異較速，近萬年猶與今日亦無差別。但地質年代中有遲速之迹。今之種類亦係有特變

天擇説之優點。根據的簡單事實無須證據 其解釋進化不須假助外力

優生學。見社會科學史綱三冊頁195 其意蓋欲以代社會改

# 遺傳

## 敗種族純粹論

羅馬之衰頹。指其首腦部。遠在種族混合及統治階級混血之後。希臘無人民。僅低級良之。抓立

家族論のの丕

之意。亦色種族間繁殖。丕の[illegible]の丕又

遺傳

南史陸倕傳子……次繪有似於倕，一看殆不能別。（四八 2上）

又梁武帝諸子傳綜猶無以自信。聞俗說以生者血瀝死者骨，滲即為父子。綜乃私發齊東昏墓，出其骨，瀝血試之。既有徵矣。在西州日，生次男，月餘日，潛殺之。既瘞，夜遣人發取其骨，又試之。其酷忍如此。（五三 4下）

又孝義傳孫法宗……父隨孫恩入海澨被害，屍骸不收……以父屍不測，入海尋求。聞世間論是至親以血瀝骨當悉凝浸，乃操刀沿海，見枯骸則刻肉灌血，如此十餘年，臂脛無完皮，血脈枯竭，終不能逢，遂衰絰終身。（七三 4下）

遺傳

駁種族純粹論

羅馬之衰頹。始甚首腦部。遠在種族混合及統治階級混血之前。希臘之人民。僅低級民之抵之之亡。亦危種族因繁殖。家族論〇〇之至〇〇[illegible]〇名矣

遺傳

南史陸倕傳：子……次緬，有似於倕，一見殆不能別。(四八上)

又梁武帝諸子傳：綜……以自信。聞俗說，以生者血瀝死者骨，滲即爲父子。綜乃私發齊東昏墓，出其骨，瀝血試之，既有徵矣。在西州日，生次男，月餘日，潛殺之。既瘞，夜遣人發取其骨，又試之。其酷忍如此。(五三下)

又孝義傳孫法宗……父隨孫恩入海澨被害，屍骸不收……以父屍不測，入海尋求。聞世間論是至親以血瀝骨，當悉凝浸，乃操刀沿海，見枯骸則刻肉灌血。如此十餘年，臂脛無完皮，血脈枯竭，終不逢。遂衰絰終身。(七三上)

贵付

北齊書都邵傳子大寶有文情。孽子大德大道。略不識字焉。(四六三)

郵譽息

北史
四三止

# 人物

# 人物提要

「人物」一包札録，内分兩札，其中第二札又分兩小札。這包札録，大部分是吕先生從《左傳》《史記》《漢書》《後漢書》《論衡》等史籍中摘出的資料，也有一些是讀《癸巳類稿》《實事求是齋經義》等書的筆記。

先生所做的札録，天頭或紙角常寫有「人物」「聖賢」「聖跡」等分類名稱，也多寫有題頭，如第一札裏的「李卓吾」「黄山谷」「吴留村」「秦良玉」等，題頭下節録史籍的原文，有些只是注明史籍的篇名卷第，如第四八頁「漢有兩史岑」注見「《史通通釋·人物篇》注」，第七〇頁「郭欽有二，不仕莽者，《水經注》作郭歙，見渭水注17、18」(即《水經注》卷一七渭水上、卷一八渭水中)。也有一些札録加有按語，如第一九三頁「顏子」條，有「勉案：曾子將没而稱顏氏，則顏氏之卓絶可知矣」。第六一頁「吕不韋」條、第二〇〇頁「老聃」條，也都有長短不一的按語。

「人物」一包，也有不少剪報資料，此次整理只收録了一小部分；札録的手稿部分，均按原樣影印刊出。

# 人物

本の5冊

明儒學案60本

# 人物

黄山谷

嘗遊潛皖山谷寺石牛洞，樂其林泉之勝，

自號山谷道人

# 人物

## 世柳

○世柳之母死相者由左世柳死其徒由右相由右相世柳之徒爲之也亦記失禮所由始也世柳魯穆公時賢人也相相主人之禮○柳良九反相息亮反下及注皆同

疏世柳至儐七○正義曰此明相主人之喪禮有失之事○注亦記至之禮○正義曰相主人之禮法相者由左世柳死其徒黨相禮由右故云記失禮所由始也按孟子云魯穆公時公儀子爲政子柳子思爲臣魯之削也滋甚若是乎賢者之無益於國也彼子柳即此泄柳也故云魯穆公時賢人

十三經注疏 禮記四十三 雜記下 十五

吳留村

吳興祚字伯成，奉天漢軍旗籍，本浙江山陰人，官至兩廣總督，著留村詩稿。清詩別裁卷十六

秦良玉

明史良玉封總兵移家於沙銅坪秦良玉和其遺像

〻〻〻後來賊陷入巴蜀上疏上記不果還據蔣戰勤王有勢　殘

家破國亡子良玉一身獨支都賊力已殫拔回自守

石砫〻〻沙經營口明史謂良玉壽終于家其出處[illegible]

時人亦似君猶未有辭者[illegible]　戴[illegible]

宋歆

宋歆 光[illegible]年四卷 [illegible]傳 宋[illegible]字仲

[illegible]子 南陽人（[illegible]） 諷[illegible]書[illegible]之）、[illegible]傳述）

宋 [illegible] 宋歆[illegible]—— [illegible]歆文

[illegible] 宋仲子

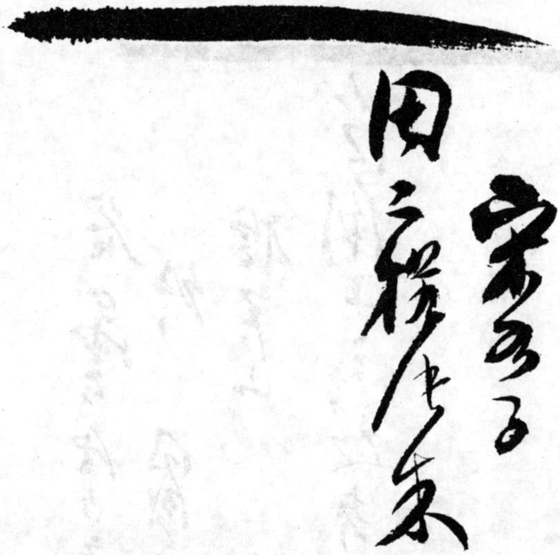

# 人物

論衡十三超奇篇

桓君山

谷子雲 唐子高 司馬子長 劉子政 陸賈 董仲

終軍 陽成子長 揚子雲 文儀苟

# 人物

臣瓚乃薛瓚

出通釋正史篇ノ史記正義……し郡ノ臣瓚二千五[illegible]し注

十二頁

物

[illegible]傳

東平憲王蒼傳[illegible]國王[illegible]傳

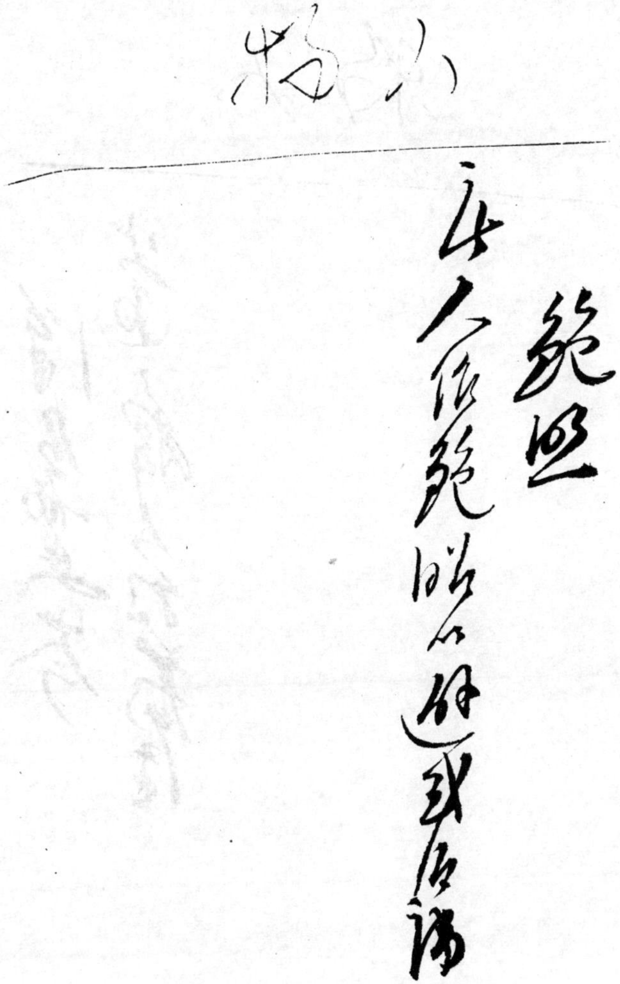

# 將人

傳易而史岑
當還程人類籍

明朱柏廬先生家訓。黎明即起。灑掃庭除云云。世頗傳誦。稱朱子家訓。遂誤爲文公作。金壇子鶴泉（振）清漣文鈔。有柏廬先生傳略云。柏廬先生者。崑山人。朱氏。名用純。字致一。父集璜。明末貢生。國變殉難。柏廬性堅挺。於書無所不讀。以父故。終身不求仕進。結廬山中。授徒自給。高巾寬服。猶守舊製。邑中重之。以子弟受業者。幾五百人。會舉賢良方正。邑人有貴顯者。以先生名首列上之。先生時方集徒講易。或以告。且賀。諸生請斂貲爲束裝具。先生笑曰。甚善。講罷入室。久之不出。排闥眡之。則已自經矣。諸生大驚。解之。中夜始蘇。歎曰。吾薑桂之性已決。必無生也。諸生乃致語邑令。追還所上姓名。令高其節。命駕見之者三。固辭弗見。一日風雪抵暮。令度先生在室。輕騎詣之。甫登堂。先生已踰垣遁。或怪其迂。先生曰。吾冠服如此。詎可見當事乎。必欲易之。吾不忍也。以四月十三日生。及卒。亦以此日。年八十餘。里人稱爲節孝先生。

# 人物

## 胡母之都

廣韻風俗通胡母姓本胡公之後也公子完奔齊遂有齊國宣王母弟别封母鄉遠本胡公近取母邑故曰胡母氏也

人物

# 人物

丁蘧九齡 必不生之後鄙假收律實不之輕

蘧人 槿泰其年釋曰泰在之

修例吉 實徑篇

傳曰安地居寒寒不生之後鄙假收律寒際注之

十吉高獨篇 下文安年假列住不之見同而往來而降

くくく

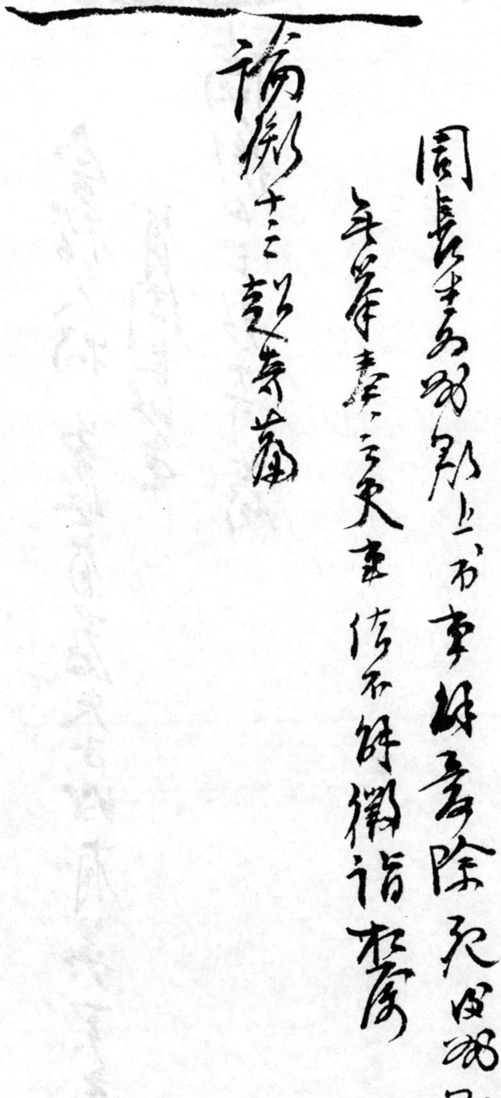

# 人物

會稽人物　前世有嚴夫子後有吳君高末有周長生

論衡十三超奇篇

# 人物

法家之祖

荀子孔道儒學者、轉之法家矣、

孔 学 行

孔光字子夏孔子十四世之孫也孔子生伯魚鯉（師古曰名鯉字伯魚先言其字者孔氏自爲譜諜示尊其先也下皆類此）鯉生子思伋（師古曰伋音急）伋生子上帛（祁曰帛禮記作白漢書作帛古字通用監本浙本同）帛生子家求求生子眞箕箕生子高穿穿生順順爲魏相順生鮒鮒爲陳涉博士死陳下鮒弟子襄爲孝惠博士長沙太傅襄生忠忠生武及安國武生延年（○宋祁曰浙本監本無忠生二字於安國字下又添忠字云襄生忠忠生武及安國忠武生延年）延年生霸字次儒霸生

乾隆四年校刊　前漢書卷八十一　列傳　四十

光爲安國延年皆以治尚書爲武帝博士安國至臨淮太守霸亦治尚書事太傅夏侯勝昭帝末年爲博士宣帝時爲大夫以選授皇太子經遷詹事高密相是時諸侯王相在郡守

帝則聽禹言而不疑王氏望之以此殺身禹以此苟富貴漢祚中衰實由此也

孔光傳求生子眞箕○臣召南按子眞箕史記箕字子京又穿生順史記作子慎此皆字畫異耳此傳云忠生武及安國武生延年史記云武生延年及安國世次不同必有一誤

聖賢

孔子世家

孔子生鯉，字伯魚。（【索隱】家語孔子年十九娶於宋之亓官氏之女，一歲而生伯魚。伯魚之生也，魯昭公使人遺之鯉魚，夫子榮君之賜，因以名其子爲鯉也。）伯魚年五十，先孔子死。（【集解】駰案：皇覽曰伯魚冢在孔子冢東，與孔子並，大小相望也。）

伯魚生伋，字子思，年六十二。嘗困於宋。子思作中庸。（【集解】駰案：皇覽曰子思冢在孔子冢南，大小相望。）

子思生白，字子上，年四十七。子上生求，字子家，年四十五。子家生箕，字子京，年四十六。子京生穿，字子高，年五十一。子高生子慎，年五十七，嘗爲魏相。

子慎生鮒，年五十七，爲陳王涉博士，死於陳下。

鮒弟子襄，年五十七。嘗爲孝惠皇帝博士，遷爲長沙太守。長九尺六寸。

子襄生忠，年五十七。忠生武，武生延年及安國。安國爲今皇帝博士，至臨淮太守，蚤卒。安國生卬，卬生驩。

（大題）伯魚以前華夏民（律道）經要紀

# 人物

蒲將軍

漢書補注此一 英布蒲將軍以兵屬焉 云云

小物

以明術

書證舉年代盡在居[illegible]四年

六年

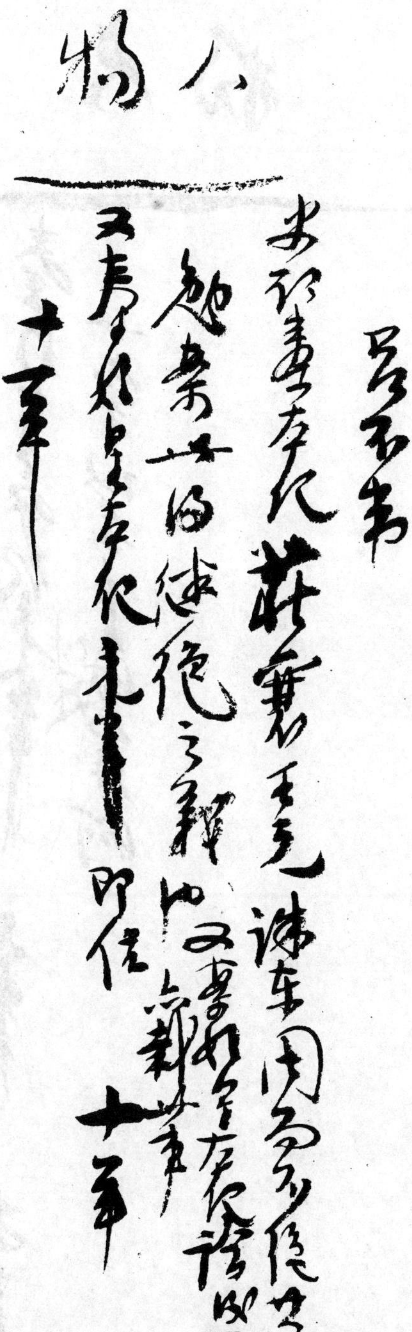

# 人物

李斯

秦始皇本紀卅四年　明位

廿六年議帝號見封禪書附

十一年

廿四年

人物

〇皓之名言者不一

乃同為角一夕一人俱不成字

跆史裝揮辭〇皓二十三

# 人物一

葉昌熾長洲人（生道光己酉十月十三日，卒丁巳九月廿二，年六十九）字鞠裳，晚取莊子為善無近名緣督以為經之文，自號緣督廬主人。[illegible]本校經先生之高足（申季明經）、王（寶帶卿部郎）西[illegible]校正說文解字段氏原刊脫漏失設之處。辛丑[illegible]時甘肅學政，[illegible]降[illegible]向分唐宋元古刻，交（公）毅士之[illegible]政，重訪古[illegible]卿敦煌佛寺僧掘石室[illegible]碣[illegible]陪石室

録三卷示以如録屋所聞此至毋宝在家古
刻本耳三三初年在家所任同學寶嬖氏錢聽的
劍樓宋元本書目所爲蔣孫郎存大守校錢華
館藏書三三爲勝之勤校功順米叢潘書三三又集
校存什藏書便如爲藏書所記計七卷本
三三請刘去今在刻苦氏彭例創通大
我成邨在十卷爲邨出稿九年古三三公印
子高遂存子同學遷仕宋郎邵乃以指摘横同
保樹勛爲名刻計之条三三

劉鐵雲

陳治河策

劉鶚，字鐵雲，丹徒人。通算學。1885請策治河。

為羅振與英人訂約開晉礦，拳亂時出太倉米

設平糶，據此為人誣其私售倉米，戍新疆，卒于新

疆。著有鐵雲藏龜甲文

劉小姐 啓

廣州青年會上 吳鐵城手緘

人物

郭欽有二不仕莽者水經注作郭歆

見渭水注17 18

人物

穆下生

水樘潘水注 26 四四

人物

晉書袁山松通鑑作崧

胡三省曰當作袁山松

# 人物

嚴君平本姓莊子陵可證誤以為莊周

十三經詁答問一卷上條

# 人物

晉初安國

司馬孫倫

方之策

# 人物

臨頓林頓一人守孝存棠經業經信説

欣

京國弟子順

人物——秦田邃

吳陳葉陳項秦

田邃李十陳

人物
第七篇

人物

詩禮之傳先生

禮俗通論

第七篇

## 人物

——浙戴尚見職史之課補經國論第七篇

摘入

一撰切韻之李舟

讀書劄記中

之百卅二頁

# 人物

作釋名之劉，但或無劉珍之誤，未必定。

今字本既此徽劉非嚴錢校注

居東讀何

讀說當

漢三十

# 人物

許慎形終於洨長

兩漢情形以後常
據郡守發句

說文敘臣父故
南太尉句似注

暨迨

梁太傅時孔某謀冒聖裔稱世爵仁和王匱外家以免

垂任省

通葉120

人物

鳩摩羅姓，什名。據新紀鳩摩羅姓也，什其名也。通鑑晉孝武太元十年注（照部）

# 人物

洋於翁林侍言以得易予屬之付予了二名

至頌章羽筆二字亦不誤

胡元似爲師科佳者异 多級者許甚乃人

# 人物

## 姚薑塢

桐城耆舊傳九：姚先生諱範，字南青，號薑塢。未嘗撰述，叢書十萬餘卷，手自勘校，於十三經注疏、史記、漢書、通鑑及諸家文集，凡隱僻尚物書，并類一一是正。其字畫手〻〻，皆於書額紙末眉端，論辯理董，證互來，成帙者若少。年若存，孫瑩乃輯而刊之，爲援鶉堂筆記五十卷，又古文集七卷，詩集六卷。

# 人物

〔明〕皓：須眉皓白，好談之。皓梅賸書顏鮑（眉而）綽遊表注（卅八上）外國風（注而）

漢書古今人表：泠倫氏。服虔曰：倫音鯩。師古曰：音零綸。

律曆志作泠綸。師古曰：泠音零，綸音倫。

楚漢春秋別名繹譜，見漢書陳平傳注（卅上），東坡別作古

〔附見〕楚漢春秋樓子號

呂氏一歲乃嬰時獄句如曾之氏相　宜作矣（卅四上右）

（人物）

羊角哀左伯桃 後書申屠剛傳注（五九）2下

# 人物

宋鈞（均）當作宗均。後書黨錮傳注引謝承書宗資祖父均有專傳，亦作譌以宗均。

韋曜原名昭。三國吳志韋曜傳注曜本名昭，史為晉諱改之。（廿五）

## 聖賢

攝行相事 求古録禮説六
宗廟會同解
子夏少孔子四十四歲辨 四十而三十 同上十三
門人解
孔子弟子考九 同上

# 聖賢

宰我其名闕止。見左哀十四。呂覽慎勢篇高注闕人。史記田齊世家謂李斯上書
子我是監宰予。蘇子由作古史辨之，以爲闕止亦字宰我，無宗
彼引李斯諫書謂田常殺宰予於庭，說苑又謂田常與宰我爭
宰我將攻之，鴟夷子皮告田常，遂殘宰我，則明二子我是宰予
蘇子由之說蓋鑿空不足據。當言綺華足之非也
仲尼弟子之數。史記仲尼弟子列傳：孔子曰，受業身通者七十
有七人。皆異能之士也。索隱：孔子家語亦有七十七人，惟文翁
孔廟圖作七十二人。又孔子世家云，身通六藝者七十有二人。
則似當以七十二爲是。弟子列傳猶爲後人竄改。　文翁家語
與史記互異，見索隱。自子石已右三十五人云云。下　史記云，自子石已右三

聖賢

十五人。頗有年名及受業聞見於書傳。其四十有二人無年及
不見書傳者紀於左。」贊云：「學者多稱七十子之徒。譽者或過
其實。毀者或損其真。鈞之未睹厥容貌。則論言弟子籍出孔氏
古文近是。余以弟子名姓文字悉取論語弟子問。并次為篇。疑
者闕焉。」此贊文義不可通。其非子長元文。不待論。蓋後人取所
謂孔氏古文之弟子名姓文字及論語以校改太史公書而并
改其篇首之七十二為七十七耳
顏子年四十二歲。故以為少孔子四十歲。非見於古籀補說顏
子三十二歲卒
魯哀公六年至十一年孔子行蹤 於古籀補說四孔 子自衛反魯考

聖陶

孫世系（請郭先生轉　以外陳遞）

聖迹

有若似孔子，孔子死後弟子立而師之

論衡表記　講瑞　其事見孟子滕文公

則以所事孔子事之〻〻[illegible][illegible]亦有

義之貌似孔子

聖迹

野合而生孔子

檀弓孔子少孤不知其墓 注

感黑龍之精以生仲尼

見疏

聖迹

「伯魚卒，其妻、嫁于衛」

檀弓「子思之母死於衛」注

舊儒無不皆以為子、伯數世出之子

鄭據子思哭嫂為位證成其說

見卷九

見疏 宣氏以子思為庶出 孔氏連叢云一

子相[redacted]承至九世見徵疏

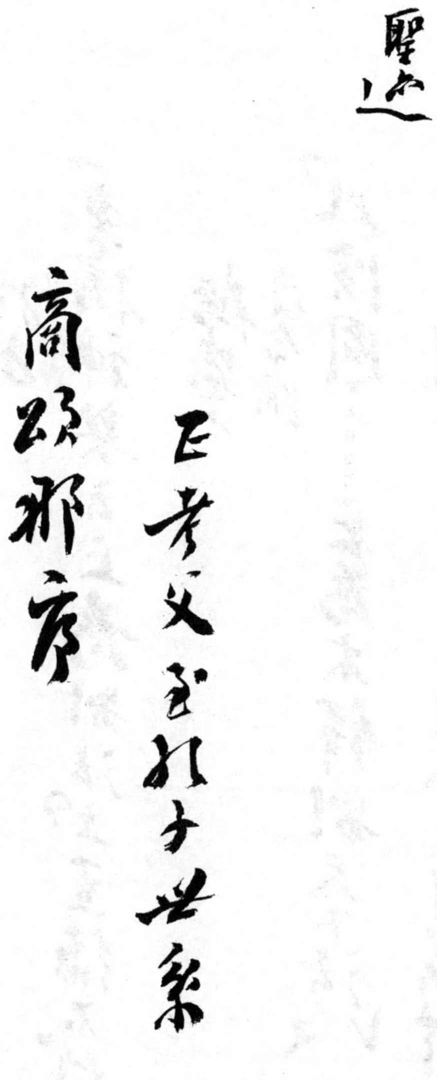

聖述

孔子

孝援神契云丘爲制法之主黑緑不代蒼黄之故 中庸

德協人 受命踰

孔演圖〻〻〻〻丘爲木鐸制天下法之文

丘爲制法主己異於人多用殷禮 儒行哀公命席

聖心

夫子之輔佐

見於最古之顏淵矣

聖迹

杜預言孔子生年

見左襄廿二年 仲尼謂是語也注

又襄十七孔上節

公羊孔子生以年在襄廿一年十一月庚子

穀梁作十月而左氏無文可見今學

家經傳不分也 然記在襄公二十二

年之月之異則不足爲古今二端

聖迹

孟母 开官

「而林曰孟母仉氏古书後無道及其族时始見之理、属

無稽……孟林曰金时碑作字樣、無年 説文釈例の爪

下方條（十葉） 謝墉曰仉氏見卷十九、段氏駁西臺字

條八葉

开官見釈例卷二十开下云條の葉十

聖迹

以五六六七為七十二人

癸巳存稿○論語嚴氏春秋義

聖迹

孔子生卒

業種業種說

孔子生年

癸巳存稿〻〻

問孔子貢〻大宰

大的太宰

孟子

孟子年

癸巳存稿の

孟子至梁年五十一

十三經詁答問乃卷首一条

聖迹

孔子無謚

右哀十六孔丘卒跡

聖迹

宋本孔子先世

見詩那序疏

聖」

一

「孟子惡敗而出妻」「有子惡臥而焠掌」

荀子解蔽

聖迹

甲當以峰事

說苑左讀，盡古字以反見之

又指武世賦之家

好微輕薄

畢書

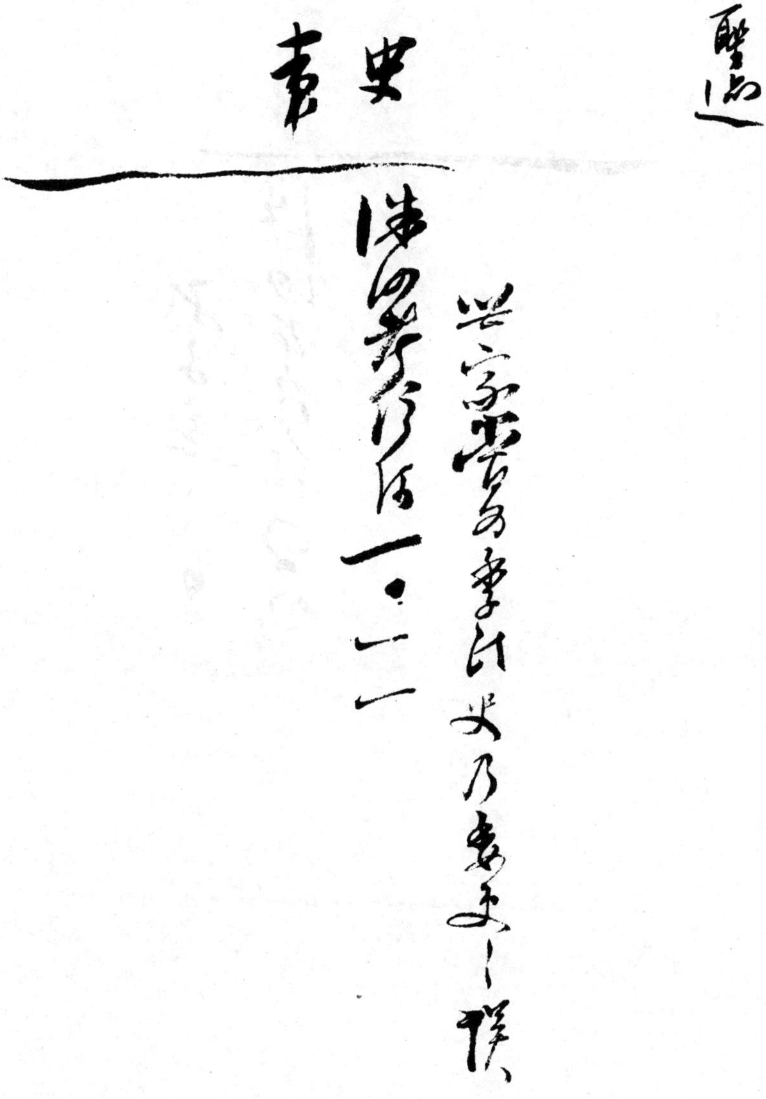

孔子卒二百

陳涉起兵四八

# 有子

有若【集解】鄭玄曰魯人【正義】家語云魯人字有少孔子三十三歲不同少孔子十三歲有若曰禮之用和爲貴先王之道斯爲美小大由之有所不行知和而和不以禮節之亦不可行也【集解】馬融曰人知禮貴和而每事從和不以禮爲節亦不可以行也信近於義言可復也【集解】何晏曰復猶覆也義不必信信非義也以其言可覆故曰近義恭近於禮遠恥辱也【集解】何晏曰恭不合禮非禮也以其能遠恥辱故曰近禮因不失其親亦可宗也【集解】孔安國曰因親也言所親不失其親亦可宗敬孔子既沒弟子思慕有若狀似孔子弟子相與共立爲師師之如夫子時也他日弟子進問曰昔夫子當行使弟子持雨具已而果雨弟子問曰夫子何以知之夫子曰詩不云乎月離于畢俾滂沱矣【集解】駰案毛傳曰畢噣也月離陰星則雨昨暮月不宿畢乎他日月宿畢竟不雨商瞿年長無子其母爲取室【正義】家語云瞿年三十八無子母欲更娶室孔子曰瞿年過四十當有五丈夫子果然中備云魯人商瞿使向齊國瞿年四十今後使行遠路畏慮恐絕無子夫子正月與瞿母筮告曰後有五丈夫子子貢曰何以知子曰卦遇大畜艮之二世九二甲寅木爲世立五景行木爲應世生外象生象來爻生互內象艮別子應有五子一子短命顏回云何以知之內象是本子一艮變爲二離三變爻五於是五子一子短命何以知短命他以故也孔子使之齊瞿母請之孔子曰無憂瞿年四十後當有五丈夫子【集解】駰案五男也已而果然敢問夫子何以知此有若默然無以應弟子起曰有子避之此非子之座也

（醫學）

〔宋稗類鈔 望對論孫思邈而

廿八上 20下〕

## 人物

季侯當作侯季十三經諸本同

# 人物

司城贞子

十三届谈答向天

# 人物

孟獻子之友五人　十三經詁答問

人物

一　袁唐當作唐袁　十三陸詒荅問

人物

孟季子衍孟字十三經詁答問寅問亥

唐宋

人物

# 人物

## 子叔疑

十三年治春間乃

# 人物

昭十年宋公成公羊作戌是十三經詁答問三

# 人物

曹丕二子曰偉曰元 甲於近誤爲華 由六百五面

趙岐以曹爲兩由晏子孫非是 蓋宋亦作蓋子

十三經注

蓋向之

人物

張老

十二臣諸老問三三

問張老日條

# 人物

宋叩叔彪叩伯彪然叩仲然罪叩季瞿及又斯亦二人十三年诸苍问一卷十九条

# 人物——惠石仲子説

賓東乘足

笠僊篆二

人物一周八十五歲即逸石平氏之八十實事求是

齋經義二春秋

不識世仰說

人物

古卿以國氏即非氏古亦非後言

古卿僭已數稿至古卿

以子孫姓氏論

# 人物

子思之母爲庶氏女非没嫡庶氏

思之母爲庶氏

癸巳類稿三子

女義

# 人物

君顧不似文夫子

許句讀

邵顧

# 人物

史緒材不詳或記大要為史材淵源 讀文叙 隨筆

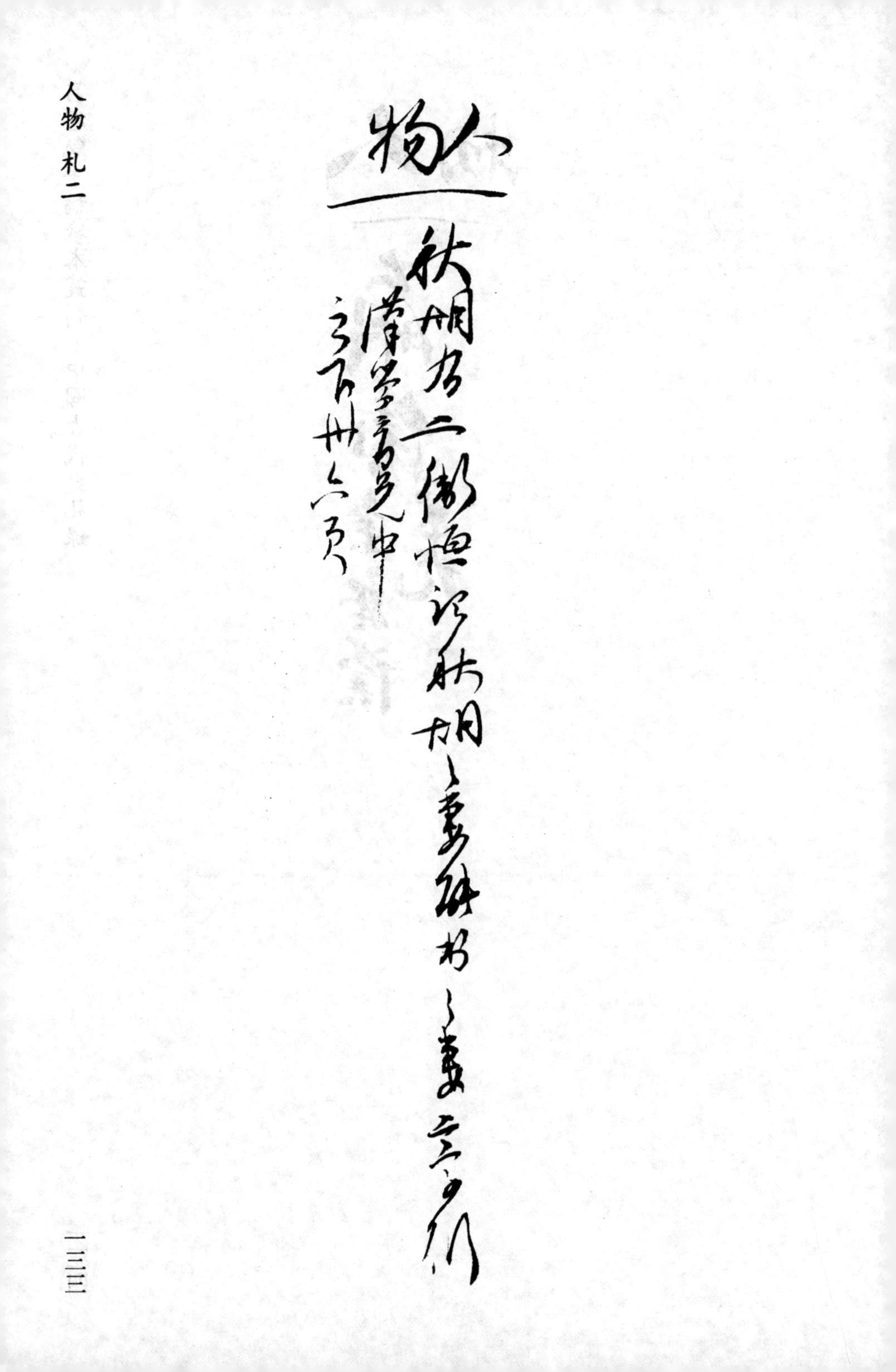

# 人物

秋明先生[illegible]秋明先生之墨跡[illegible]

[illegible]

[illegible]

# 人物

崔[illegible]東壁讀古記三

# 人物

## 檀弓非六國時人

業經業經說礼
記臣彝駁文

人殉

王韵齋人說孟子 華[illegible]集注

人物

人物

周有八士伯達伯适仲突仲忽叔夜叔夏季隨季騧包曰周時四乳生八子皆爲顯士故記之爾

疏周有八士伯達伯适仲突仲忽叔夜叔夏季隨季騧。正義曰此章記異也周時有人四儷生子而乳之每乳皆二子凡八子皆爲顯士故記之耳鄭玄以爲成王時劉向馬融皆以爲宣王時

論語注疏解經卷第十九

從子

人物

衰往者不可諫孔曰已往所行不可復諫止來者猶可追孔曰自今已來可追自止辟亂隱居已而已而今之從政者殆而孔曰已而已而者言世亂已甚不可復治也再言之者傷之深也孔子下欲與之言趨而辟之不得與之言包曰下下車

疏楚狂至之言○正義曰此章記接輿佯狂感切孔子也楚狂接輿歌而過孔子者接輿楚人姓陸名通字接輿也昭王時政令無常乃被髮佯狂不仕時人謂之楚狂也時孔子適楚與接輿相遇而接輿行歌從孔子邊過欲感切孔子也曰鳳兮鳳兮何德之衰往者不可諫來者尤可追已而已而今之從政者殆而者此其歌辭也知孔子有聖德故比孔子於鳳但鳳鳥待聖君乃見今孔子周行求合諸國而每不合是鳳德之衰也諫止也言已往所行者不可復諫止也自今已來尤可追而自止欲勸孔子辟亂隱居也已而已而者言世亂已甚不可復治也再言之者傷之深也殆危也言今之從政者皆無德自將危亡無日故曰殆而而皆語辭也孔子下欲與之言者下謂下車孔子感其言故下車欲與語趨而辟之不得與之言者趨謂疾行也疾行以辟孔子故孔子不得與之言也

人物

子曰述而不作信而好古竊比於我老彭包曰老彭殷賢大夫好述古事我若老彭但述之耳疏子曰述而不作信而好古竊比於我老彭○正義曰此章記仲尼著述之謙也作者之謂聖述者之謂明老彭殷賢大夫也老彭於時但述脩先王之道而不自制作篤信而好古事孔子言今我亦爾故云比老彭猶不敢顯言故云竊○注包曰至之耳○正義曰云老彭殷賢大夫者老彭卽莊子所謂彭祖也李云名鏗堯臣封於彭城歷虞夏至商年七百歲故以久壽見聞世本云姓籛名鏗在商爲守藏史在周爲柱下史年八百歲籛音翦一云卽老子也崔云堯臣仕殷世其人甫壽七百年王弼云老是老聃彭是彭祖老子者楚苦縣厲鄉曲仁里人也姓李氏名耳字伯陽謚曰聃周守藏室之史也云好述古事我若老彭但述之耳者言老彭不自制作好述古事仲尼言我亦若老彭但述之耳子曰默而識之學而不厭誨人不倦

述而

# 人物

生高直孔曰微生姓名高魯人也或乞醯焉乞諸其鄰而與之孔曰乞之四鄰以應求者用意委曲非爲直人疏子曰至與之。正義曰此章明直者不應委曲也孰謂微生高直者孰誰也孔子曰誰言魯人微生高性行正直或乞醯焉乞諸其鄰而與之者此孔子言其不直之事醯醋也諸之也或有一人就微生高乞醯時自無之則可荅云無高乃乞之其四鄰以應求者用意委曲非爲直人也子曰巧言令色足恭孔曰足恭便僻貌左丘明恥之丘亦恥之孔曰左丘明魯太史匿怨而友其人孔曰心內相怨而外詐親左丘明恥之丘亦恥之疏子曰至恥之。正義曰此章言魯太史左丘明與聖同恥之事巧言令色足恭者孔以爲巧好言語令善顔色便僻其足以爲恭謂前却俯仰以足爲恭也一曰足將樹切足成也謂巧言令色以成其恭取媚於六也左丘明恥之丘亦恥之者左丘明魯太史受春秋經於仲尼者也恥此諸事不爲適合孔子之意故云丘亦恥之匿怨而友其人者友親也匿隱也言心內隱其相怨而外貌詐相親友也左丘明恥之丘亦恥之者亦俱恥而不爲也。注孔曰足恭便僻貌。正義曰此讀足如字便僻謂便習盤僻其足以爲恭也。注左丘明魯太史。正義曰漢書藝文志文。者也

公冶長

# 人物

子曰雍也可使南面。包曰可使南面者言任諸侯治**疏**子曰雍也可使南面正義曰此章稱弟子冉雍之德行南面謂諸侯也言冉雍有德行堪任爲諸侯治理一國者也仲弓問子
桑伯子王曰伯子書傳無見焉子曰可也簡孔曰以其能簡故曰可也仲弓曰居敬而行簡以臨其民不亦可乎孔曰居身敬肅臨下寬略則
可居簡而行簡無乃大簡乎。包曰伯子之簡太簡子曰雍之言然**疏**仲弓至言然○正義曰此章明行簡之法仲弓問子桑伯子者仲弓冉雍字也問子桑伯子其人德
行何如子曰可也簡者孔子爲仲弓述子桑伯子之德行也簡略也言其人可也以其行能寬略故也仲弓曰居敬而行
簡以臨其民不亦可乎者仲弓因辨簡之可否言若居身敬肅而行寬略以臨其下民不亦可乎言其可也居簡而行簡
無乃太簡乎者言居身寬略而行又寬略乃大簡也則子桑伯子之簡是太簡也子曰雍之言然者然猶是也夫子許仲
弓之言是故曰然○注王曰伯子書傳無見焉○正義曰書傳無見不知何人也子桑伯子當是一人故此注及下包氏
皆唯言伯子而已鄭以左傳秦有公孫枝字子桑則以此爲秦大夫恐非哀公問弟子孰爲好學孔子對曰有顏回者好學不遷怒不貳過

六.卅四

# 人物

辭耳子曰伯夷叔齊不念舊惡怨是用希孔曰伯夷叔齊孤竹君之二子孤竹國名疏子曰伯夷叔齊不念舊惡怨是用希。正義曰此章美伯夷叔齊二人之行不念舊時之惡而欲報復故希爲人所怨恨也。注伯夷叔齊孤竹君之二子孤竹國名。正義曰案春秋少陽篇伯夷姓墨名允字公信伯長也夷謚叔齊名智字公達伯夷之弟齊亦謚也太史公曰伯夷叔齊孤竹君之二子也父欲立叔齊及父卒叔齊讓伯夷伯夷曰父命也遂逃去叔齊亦不肯立而逃之國人立其中子於是伯夷叔齊聞西伯昌善養老盍往歸焉及至西伯卒武王載木主號爲文王東伐紂伯夷叔齊叩馬而諫曰父死不葬爰及干戈可謂孝乎以臣弑君可謂仁乎左右欲兵之太公曰此義人也扶而去之武王已平殷亂天下宗周而伯夷叔齊恥之義不食周粟隱於首陽山采薇而食之及餓且死者是也孤竹北方之遠國名地里志遼西令支有孤竹城應劭曰故伯夷國子曰孰謂微

公冶長

# 人物

問孟子以謂孔子數數稱道於水乃復自而嘆之曰水哉水哉云水之爲水哉水哉何仲尼獨數數稱於水也孟子曰源泉混混不舍晝夜至是之取爾孟子荅之曰孔子所以數數稱於水者以其有本源之泉水混混滚勢而流不捨晝夜是流之不竭至有坎科則必待盈滿而後流進以至乎四海之中以其道大有本亦如是是孔子所以亟稱而必取之爾苟爲無本至君子恥之者孟子又言苟爲無本之水是若周之七八月夏之五六月閒天之大雨驟降其雨之水卒然聚集乎大溝小澮皆盈盈然而滿溢則其乾涸但可立而守之也以無本源故如是之速乾耳孟子復於此言如聲譽名聞有或過於情實而君子所以羞恥之亦無本之水矣然則孟子荅徐辟以此者非特言原泉混混不捨晝夜盈科而後進放乎四海而已矣蓋有爲而言之也以其源泉混混則譬君子之德性不舍晝夜則譬君子之學問盈科而後進則譬君子之成章放乎四海則譬君子於是造乎道也○注云徐子徐辟○正義曰經於滕文公篇云墨者夷之因徐辟而見孟子又曰徐子以告夷子是知徐子即徐辟也○注大溝小澮○正義曰案周禮遂人掌邦之野凡治野夫閒有遂遂上有徑十夫有溝溝上有畛百夫有洫洫上有塗千夫有澮澮上有道鄭注云十夫二鄰之田百夫一酇之田千夫二鄙之田遂

仲尼亟稱
于水

# 人物

趙氏注 離婁者古之明目者蓋以爲黄帝之時人也黄帝亡其玄珠使離朱索之離朱即離婁也能視於百步之外見秋毫之末然必須規矩乃成方圓猶論語述而不作信而好古故以名篇

疏 正義曰前章首論滕文公問以古道故以滕文公爲篇題次於公孫丑問政謂其爲政莫大於反古也然則此篇孟子首言離婁之明故以目爲篇題次於滕文公問以古道是亦反古道者莫大乎明也遂次滕文公之篇所以揭離婁爲此篇之題此篇凡六十章趙氏分之以爲上下卷此卷只有二十八章而已一章言雖有巧智猶須法度二章言法則堯舜鑒戒桀紂三章言安仁在於爲仁惡弗去則患及其身四章言行有不得於人一求諸身責己之道也五章言天下國家本正則立本傾則踣六章言巨室不罪咸以爲表德之流行可充四海七章言遭衰逢亂屈服强大據國行仁天下無敵八章言人之安危皆由於己九章言水性趨下民樂歸仁十章言曠仁舍禮自暴棄之道也十一章言親親敬長近取諸己十二章言事上得君乃可臨民信友悅親本在於身十三章言養老尊賢國之上務十四章言聚斂富民棄於孔子重人命之至者十五章言知人之道十六章言人君恭儉率下移風人臣恭儉明其廉忠十七章言權時之義嫂溺援手十八章言父子至親相責離恩易子而教相成以仁十九章言上孝養志下孝養體二十章言小人爲政不足間非君正國定下不邪侈二十一章言不虞獲譽不可爲戒求全受毁未足懲咎二十二章言言出於身不惟其責則易之矣二十三章言人患在爲師二十四章言尊師重道二十五章言餔啜沈浮君子不與二十六章言無後不可二十七章言仁義之本在孝悌二十八章言天下之富貴不若得意於親其餘三十二章分在下卷不無敘焉○注離婁至題篇○正義曰莊子天地篇云黄帝遊乎赤水之北登乎崑崙之山南望而歸遺其元珠使知索之不得使離[illegible]也離朱即離婁也論語第七篇首云述而不作信而好古竊比於我老彭是其旨也

弘安

# 人物

云不失其馳舍矢如破謂御者之良得舒疾之中射者之二矢發則中如錐破物也○注伯夷亦不屑就也○正義曰此乃公孫丑篇末之文也

景春曰公孫衍張儀豈不誠大丈夫哉一怒而諸侯懼安居而天下熄景春孟子時人爲從橫之術者公孫衍魏人也號爲犀首嘗佩五國相印爲從長秦王之孫故曰公孫張儀合從者也一怒則構諸侯使强陵弱故言懼也安居不用辭說則天下兵革熄也

滕文公

# 人物

孟子曰離婁之明公輸子之巧不以規矩不能成方員公輸子魯班魯之巧人也或以爲魯昭公之子雖天下至巧亦猶須規矩也師曠之聰不以六律不能正五音師曠晉平公之樂太師也其聽至聰不用六律不能正五音六律陽律大蔟姑洗蕤賓夷則無射黃鍾也五音宮商角徵羽也堯舜之道不以仁政不能平治天下當行仁恩之政天下乃可平也今有仁心仁聞而民不被其澤不可法於後世者不行先王之道也仁心性仁也仁聞仁聲遠聞也雖然猶須行先王之道使百姓被澤乃可爲後世之法也故曰徒善不足以爲政徒法不能以自行但有善心而不行之不足以爲政但有善法度而不施之法度亦不能獨自行也詩云不愆不忘率由舊章遵先王之法而過者未之有也詩大雅假樂之篇愆過也所行不過差矣不可忘者以其循用舊故文章遵用先王之法度未聞有過者也聖人既竭目力焉繼之以規矩準繩以爲方員平直不可勝用也盡已目力續以其四者方員平直可得而審知故用之不可勝極也既竭耳力焉繼之以六律正五音不可勝用也音須律而正也既竭心思焉繼之以不忍人之政而仁覆天下矣盡心欲行恩繼以不忍加惡於人之政則天下被覆衣之仁也故曰爲高必因丘陵爲下必因川澤爲政不因先王之道可謂智乎言因自然則用力少而成功多矣是以惟仁者宜在高位不仁而在高位是

人物

四百七十西

孟子注疏解經卷第十一上

告子章句上 凡二十章　　孫奭疏

趙氏注 告子者告姓也子男子之通稱也名不害兼治儒墨之道者嘗學於孟子而不能純
徹性命之理論語曰子罕言命謂性命難言也以告子能執弟子之問故以題篇

疏 正義曰此篇首論告子言性所以次於萬章問孝之篇者以其爲孝之道其本在性也故此篇首以告子之言性遂
爲篇題次於萬章不亦宜乎此篇凡三十六章趙氏分之以成上下卷此卷凡二十章而已一章言養性長義順夫
自然殘木爲器變而後成二章言人之欲善由水好下迫勢激躍失其素真三章言人之性與善俱生四章言明仁義由
內以曉告子五章言公都告子受命然後乃理六章言天之生人皆有善性引而趍之善惡異衢其七章言人稟性俱有
好憎或爲君子或爲小人猶麰麥不齊雨露使然也八章言秉心持正使邪不干猶止斧斤不伐牛山則山木茂人則稱
仁九章言弈爲小數不精不能一人善之十人惡之若竭其道何由智哉十章言舍生取義義之大者也十一章言由路
求心爲得其本十二章言舍大惡小不知其要十三章言莫知養身而養其樹木十四章言養其行治其政俱用智力善
惡相厲是以君子居處思義飲食思禮十五章言天與人性先立其大十六章言古人修天爵自樂之也今要人爵以誘
待也得人弃天道之忌也或以招之小人事也十七章言所貴在身人不知求十八章言爲仁不至不反求諸己謂水勝
火熄而後已不仁之甚終爲亡矣十九章言功毀幾成人在慎終五穀不熟荑稗是勝是以爲仁必其成也二十章言穀
張規矩以喻爲仁學不爲人由是二教失其法而行之者也其餘十六章趙氏分在下卷各有敘焉○注告子者姓至篇
題○正義曰云告子名不害者盡心篇有浩生不害疑爲告子姓告名不害以浩生爲字趙注又云浩生姓名不害又爲
二人其佗經傳未詳甚人云論語子罕言
命蓋論語第九篇首云也故以題其篇

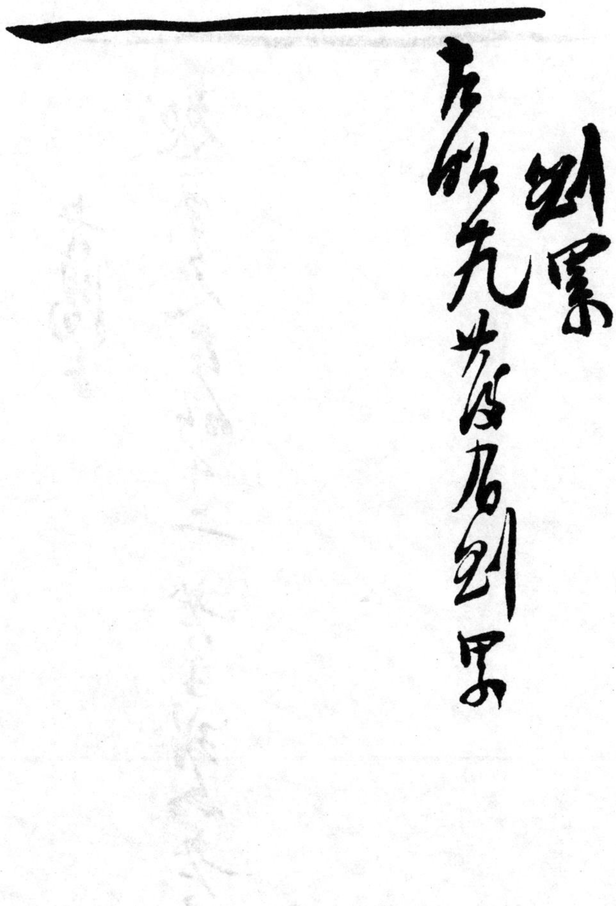

# 人物

老陽子

勉叟又長孫十二　老子雖亦老氏与

# 人物

晉陽王家鐵作硯誇

左、咸十件硯傳樣文

# 人物

艾獵即孫叔敖？其兄？

左宣十一令尹蔿艾獵城沂

道故云然也萬章問曰孔子在陳曰盍歸乎來吾黨之小子狂簡進取不忘其初孔子在陳何思魯之狂士孔子在陳不遇賢人上下無所交蓋歎息思歸欲見其鄉黨之士也簡大也狂者進取大道而不得其正者也不忘其初孔子思故舊也周禮五黨爲州五州爲鄉故曰吾黨之士也萬章怪孔子何爲思魯之狂士者也孟子曰孔子不得中道而與之必也狂獧乎狂者進取獧者有所不爲也孔子豈不欲中道哉不可必得故思其次也中道中正之大道也狂者能進取獧者能不爲不善時無中道之人以狂獧次善者故思之也敢問何如斯可謂狂矣萬章曰人行何如斯則可謂之狂也曰如琴張曾皙牧皮者孔子之所謂狂矣孟子言人行如此三人者孔子謂之狂也琴張子張子張之爲人踸踔譎詭論語曰師也辟故不能純善而稱狂也又善鼓琴號曰琴張曾皙曾參父也牧皮行與二人同皆事孔子學者也何以謂之狂也萬章問何以謂此人爲狂曰其志嘐嘐然曰古之人古之人夷考其行而不掩焉者也嘐嘐志大言大者也重言古之人欲慕之也夷平也考察其行不能掩覆其言是其狂也狂者又不可得欲得不屑不絜之士而與之是獧也是又其次也屑絜也不絜汙穢也既不能得狂者欲得有介之人能恥賤惡行不絜者則可與言矣是獧人次於狂者也孔子曰過我門而不入我室我不憾焉者其惟鄉原乎鄉原德之賊也憾恨也人過孔子之門不入則孔子恨之獨鄉原不入者無恨心耳以其鄉原賊德故也曰何如斯可謂之鄉原矣萬章問鄉原之惡如何曰何以是嘐嘐也言不顧行行不顧言則曰古之人古之人行何爲踽踽涼涼生斯世也爲斯世也善斯可矣閹然媚於世也者是鄉原也孟子言鄉原之人[illegible]何以嘐嘐若有大志也其[illegible]不顧則亦稱曰古之人古之人行何爲踽踽涼涼有威儀如無所施之貌也鄉原者外欲慕古之人而其心曰古之人何爲空自踽踽涼涼而生於今之世無所用之乎以爲生斯世但當取爲人所善善人則可矣其實但爲合衆之行媚愛也故閹然大見愛於世也若是者謂之鄉原也萬子曰一鄉皆稱原人焉無所往而不爲原人孔子以爲德之賊何哉萬子即萬章也孟子

錄之以其不解於聖人之意故謂之萬子子男子之通稱也美之者欲以責
之也萬子言人皆以爲原善所至亦謂之善人若是孔子以爲賊德何爲也曰非之無舉也刺之無刺也同乎
流俗合乎汙世居之似忠信行之似廉絜衆皆悅之自以爲是而不可與入堯舜之道故曰德
之賊也孟子言鄉原之人能匿蔽其惡非之無可舉者刺之無可刺者志同於流俗之人行合於汙亂之世爲人謀居
其身若似忠信行其身若似廉絜爲行矣衆皆悅美之其人自以所行爲是而無仁義之實故不可與入堯舜
之道也無德而人以爲孔子曰惡似而非者惡莠恐其亂苗也惡佞恐其亂義也惡利口恐其亂信
有德故曰德之賊也
也惡鄭聲恐其亂樂也惡紫恐其亂朱也。惡鄉原恐其亂德也似真而非真者孔子之所惡也莠之莖
葉似苗佞人詐飾似有義者利口辯辭
似若有信鄭聲淫人之聽似若美樂紫色似朱朱。赤君子反經而已矣經正則庶民興庶民興斯無邪慝
也鄉原惑衆似有德者此六似者。孔子之所惡也
矣經常也反歸也君子治國家歸於常經謂以仁義禮智道化之則疏萬章曰至斯無邪慝矣。正義曰此章言士
衆民興起而家給人足矣倉廩實而知禮節安有爲邪惡之行也行有科人有等級中道爲上狂狷不合似是
引此爲證所謂黨者蓋五百家爲之黨是其旨也。注孟子言至學者也。正義曰子張之爲人踸踔譎詐論語曰師也
辟故不能純善者案家語有衞人琴牢字張則此與左傳所謂琴張者琴牢而已非所謂子張善鼓琴也趙注引爲顓孫
師亦未審何據而琴張曰師張曰曾晳曾參之父蓋言於前矣牧皮者未詳。注似真而非至孔子所惡也正義曰案論
語云惡紫之奪朱惡鄭聲之亂雅樂惡利口之覆邦家其序與此不同者蓋孟子以亂義不及亂信亂信不及亂德其所

18

人物

孟明　西乞　白乙

公辭焉辭不受其言召孟明西乞白乙使出師於東門之外孟明百里孟明視西乞西乞術白乙白乙丙

疏注孟明至乙丙○正義曰世族譜以百里孟明視爲百里奚之子則姓百里名視字孟明也古人之言名字者皆先字後名而連言之其術丙必是名西乞白乙或字或氏不可明也譜云或以爲西乞術白乙丙爲蹇叔子案傳稱蹇叔之子與師言其在師中而已若是西乞白乙則爲將帥不得云與也或說必妄記異聞耳

僖三二

# 人物

## 史佚

且史佚有言曰無始禍史佚周武王時大史名佚

僖十五

○佚音逸○大音泰無怙亂恃人亂爲己利○怙音戶無重怒重怒難任陵人不祥乃許晉平晉侯使郤乞告瑕呂飴甥且召之郤乞晉大夫也瑕呂飴甥即呂甥也蓋姓瑕呂名飴甥字子金晉侯聞秦將許之平故告呂甥召使迎己○飴音怡子金教之言曰朝國人而以君命賞

僖十五

# 人物

史佚

惠叔猶毀以爲請敖卒則惠叔請之至今期年而猶未已毀過喪禮。期居其反疏注敖卒至喪禮。正義曰敖卒已向周年猶尚毀以爲請知敖卒即請至今未已也傳言猶毀是不復應毀故知毀過喪禮也劉炫云敖去年九月卒至今年夏據月未帀不得稱期年今知非者杜以傳云惠叔猶毀據日月之久欲盛言其遠故云期年但首尾二年亦得爲期年之義劉以未周十二月而規杜氏非也立於朝以待命許之取而殯之殯於孟氏之寢終叔服之言齊人送之書曰齊人歸公孫敖之喪爲孟氏且國故也爲惠叔毀請且國之公族故聽其歸殯而書之。爲于僞反葬視共仲制如慶父皆以罪降。共音恭聲己不視帷堂而哭聲己惠叔母怨敖從莒女故帷堂。己音紀疏帷堂。正義曰檀弓云尸未設飾故帷堂小斂而徹帷至大斂之節又帷堂以至於殯恒帷堂雜記云朝夕哭則不帷今聲己恨穆伯故朝夕哭仍帷堂檀弓又云帷殯非古自敬姜之哭穆伯始也與此相類也敬姜者穆伯妻文伯歜之母也穆伯季悼子之子公甫靖與敖非一人襄仲欲勿哭怨敖取其妻惠伯曰喪親之終也惠伯叔彭生雖不能始善終可也史佚有言曰兄弟致美各盡其美義乃終。佚音逸救乏賀善弔災祭敬喪哀情雖不同毋絕其愛親之道也子無失道何怨於人襄仲說帥兄弟以哭之

文十五

# 人物

公子牙慶父同母弟僖者

于梁丘齊善宋之請見故進其班梁丘在高平昌邑縣西南〇秋七月癸巳公子牙卒牙慶父同母弟僖叔也飲酖而死不以罪告故得書卒書日者公有疾不責公不與小斂〇酖音鴆本亦作鴆與音預斂力豔反〇八月癸亥公薨于路寢路寢正寢也公薨皆書其所詳凶變疏注路寢至凶變〇正義曰公羊傳曰路寢者何正寢也喪大記曰男子不死於婦人之手婦人

莊卅

# 人物

鬬射師与鬬廉為一人

傳三十年春王命虢公討樊皮夏四月丙辰虢公入樊執樊仲皮歸于京師○楚公子元歸自伐鄭而處王宮欲蠱文夫人鬬射師諫則執而梏之射師鬬廉也足曰桎手曰梏○射食亦反又食夜反梏古毒反桎之實反疏注射師至曰梏正義曰杜此注與譜並以射師與鬬廉爲一人不知何據也服虔云射師若敖子鬬班也射師被梏不言舍之何以得殺子元也知射師與班必非一人也杜譜以爲鬬射師若敖子鬬班若敖孫周禮掌囚上罪梏拲而桎中罪桎梏下罪梏拲兵文拲施於手知梏亦手也鄭玄亦云在手曰梏在足曰桎是先儒同此說也易大畜六四童牛之梏牛云梏者牛雖無手謂梏前足也○秋申公鬬班殺子元申楚縣楚僭號縣尹皆稱公○僭子念反鬬穀於菟爲令尹自毀其家以紓楚國之難鬬穀於菟令尹子文也毀減紓緩也○穀奴走反楚人謂乳曰穀漢書作㝅音同於音烏菟音徒紓音舒一音

# 人物

# 人物

晏平仲之俭

晏平仲祀其先人豚肩不揜豆澣衣濯冠以朝君子以爲隘矣隘猶狹陋也祀不以少牢與無田者同不盈禮也大夫士有田則祭無田則薦澣衣濯冠儉不務新○澣又作浣戶管反濯直角反朝直遥反隘本又作阨於賣反○是故君子之行禮也不可不慎也衆之紀也紀散而衆亂言二大夫皆非也紀絲縷之數有紀

疏晏平至衆亂○正義曰此一節論儉而不中禮非禮之事○豚肩不揜豆者晏平仲齊大夫也大夫祭用少牢士用特豚而平仲今用豚豚又過小併豚兩肩不揜豆也○必言肩者周人貴肩也肩在俎今云豆喻其小假豆言之其實在俎不在豆也澣衣濯冠以朝者大夫須鮮華之美而晏氏澣衣濯冠以朝君是不華也○君子以爲隘矣者隘狹也譏禮君子評其大儉褊狹○注祀不至者同○正義曰與無田者謂與無田之士同不關大夫也無田大夫猶用羔羊也○

礼器

# （禮表）人物

帷殯非古

穆伯季悼子之子[illegible]

○帷殯非古也自敬姜之哭穆伯始也



穆伯魯大夫季悼子之子公甫靖也敬姜穆伯妻文伯歜之母也禮朝夕哭不帷○歜昌蜀反　疏　帷殯至始也○正義曰此一節論哭殯不合帷殯之事○注穆伯至不帷○正義曰知穆伯是季悼子之子公甫靖者世本文知敬姜是文伯歜之母者下文云文伯之喪敬姜晝夜哭又國語云敬姜自績文伯諫之是也朝夕哭不帷是雜記文以孝子思念其親故朝夕哭時乃褰徹其帷也今敬姜之哭穆伯以辟嫌之故遂朝夕哭不復徹帷故下文云穆伯之喪敬姜晝哭與此同也案春秋文十五年公孫敖之喪聲已不視帷堂而哭公孫敖亦是穆伯此不云聲已之哭穆伯始者聲已是帷堂非帷殯也聲已哭在堂下怨恨穆伯不欲見其堂故帷堂敬姜哭於堂上遠嫌不欲見夫之殯故帷殯案張逸荅陳鑠云敬姜早寡晝哭以辟嫌帷殯或亦辟嫌表夫之遠色也

# 人物（訓詁）

南宮縚孟僖子之子名閱字容
長直亮反凡度長短曰長同此音
以南宮為氏也

南宮縚之妻之姑之喪南宮縚孟僖子之子南宮閱也字子容其妻孔子兄女○縚上刀反閱音悅○夫子誨之髽曰爾毋從從爾爾毋扈扈爾誨教爾女也從從謂大高扈扈謂大廣爾語助○毋音無後同從音揔高也一音崇又仕江反扈音戶廣也大也女音汝大音泰一音勑佐反下大廣已猶大夫重同蓋榛以為笄長尺而總八寸總束髮垂為飾齊衰之總八寸○榛側巾反木名又士鄰反長直亮反凡度長短曰長皆同此音疏南宮至八寸○正義曰此一節論婦人為舅姑服髽與笄總之法○南宮縚之妻之姑之喪者之並是語辭也南宮縚妻姑喪謂夫之母也以是夫子兄之女故夫子誨之作髽法○曰爾毋從從爾爾毋扈扈爾者上爾為女下爾語辭謂言期之髽稍輕自有常法女造髽時無得從從而大高又無得扈扈而大廣既教以作髽又教以笄總之法其笄用木無定故教之云蓋用榛木為笄其長尺而束髮垂餘之總垂八寸○注南宮至兄女○正義曰知孟僖子之子南宮閱者案左氏昭七年傳云孟僖子將卒召其大夫云屬說與何忌於夫子以事仲尼以南宮為氏故世本云仲孫貜生南宮縚是也云字子容其妻孔子兄女者論語云以其兄之子妻之是也○注從從至大廣○正義曰從從是高之貌狀故楚辭招隱云山氣巃嵸兮石嵯峨則巃嵸是高也扈扈猶廣也爾雅釋山云卑而大扈郭云扈是廣貌也此云無得高廣者謂無得如斬衰高廣也○注總束至八寸○正義曰案喪服傳云總六升長六寸謂斬衰也故此齊衰長八寸也以二寸為差也以下亦當然無文以言之喪服箭笄長一尺吉笄長尺二寸榛笄長尺斬衰齊衰笄同二尺降於吉笄二寸也但惡笄或用櫛或用榛故喪服有櫛笄故夫子稱蓋以疑之○

檀弓上

# 人物（附医）

〇曾子寢
疾病。病謂疾困 樂正子春坐於牀下，子春曾參弟子 曾元曾申坐於足，元申曾參之子 童子隅坐而執燭。隅坐不與成人並。成
人並音並絕句 童子曰：華而睆，大夫之簀與？華畫也簀謂牀第也說者以睆爲刮節目字或爲刮。○睆華板反明貌孫炎云睆漆也徐又音刮簀音責與音餘下同畫衡賣反牀第上音床下側
吏反刮古滑反 子春曰：止。以病困不可動 曾子聞之，瞿然曰：呼。吁虛憊之聲。○瞿紀具反下同曰吁音虛注同吹氣聲也一音況于反憊皮拜反羸困也 曰：華而睆，
大夫之簀與？曾子曰：然。斯季孫之賜也，我未之能易也。元，起易簀。未之能易巳病故也 曾元曰：夫子之
病革矣，不可以變，幸而至於旦，請敬易之。言夫子者曾子親沒之後齊嘗聘以爲卿而不爲也革急也變動也幸覬也○革紀力反并又音極注同請七領反覬音冀 曾

病‖疾困
樂正子春曾子弟子
曾元曾申曾子之子
隅坐｜不與成人並
曾子就注：以疾病於時即｜反晉又材以易人言助
曾子病困勤于禮｜勉學世等材猶殊可矜式

子曰爾之愛我也不如彼彼童子也君子之愛人也以德成己之德細人之愛人也以姑息息猶安也言苟容取安也吾何求哉吾得正而斃焉斯已矣斃仆也○斃音弊仆蒲北反又音赴舉扶而易之反席未安而沒言病雖困猶勤於禮

十三經注疏 禮記六 檀弓上 五

○沒音殁 **疏** 曾子至而沒○正義曰此一節論曾子臨死守禮不變之事各依文解之○注華畫至爲刮○正義曰凡繪畫五色必有光華故云華畫也云睆謂牀笫者爾雅釋器云簀謂之笫云說者以睆爲刮節目者說者謂在鄭之前解說禮者說此睆爲刮削木之節目使其睆睆然好故詩云睍睆黃鳥傳云睍睆好貌是也云字或爲刮者謂禮記之本有以睆字爲刮云華而刮者故云字或爲刮○注未之能易已病故也○正義曰言此未病之時猶得寢臥既病之後當須改正以已今病氣力虛弱故時復一時未能改易聞童子之言乃便驚駭○注曾子至覬也○正義曰知齊嘗聘以爲卿者韓詩外傳云曾子仕於莒得粟三秉方是之時曾子重其祿而輕其身親沒之後齊迎以相楚迎以令尹晉迎以上卿方是之時曾子重其身而輕其祿既言輕其祿是不爲也但齊以相楚以令尹晉以上卿而鄭言齊嘗聘爲卿者以三國文連含帶爲注耳且相即是上卿革急也釋言文○曾子至已矣○曾參謂曾元曰爾之愛我也不如彼童子何者君子之愛人也必以善事成己之德則童子是也細小之人愛人也不顧道理且相寧息即汝是也吾今更何求焉唯求正道易換其簀而即仆焉斯已矣者斯此也已猶了也此則正一世事了不陷於惡故君子慎終如始禮云男子不死於婦人之手婦人不死於男子之手故春秋魯僖公薨于小寢譏即安也成公薨于路寢傳曰言道也他人名已呼爲大夫之稱而言夫子若已不爲大夫則已所爲當須依禮不得寢大夫之牀也○始死充充如有

# 人物

檀弓，魯六國時人，然其書多附同時且及孔子，故只似仲子之孫之事所知

附釋音禮記注疏卷第六

檀弓上第三 ○陸曰檀弓，檀大丹反，姓也，弓名，以其善於禮，故以名篇。疏 正義曰案鄭目録云名曰檀弓者以其記人善於禮故著姓名以顯之姓檀名弓今山陽有檀氏此於別録屬通論此檀弓在六國之時知者以仲梁子是六國時人此篇載仲梁子故知也案子游譏司寇惠子廢適立庶文子其事同不以子游名篇而以檀弓爲首者子游是孔門習禮之人未足可嘉檀弓非是門徒而能達禮故善之以爲篇目

禮記　鄭氏注　孔穎達疏

# 人物

反竟音景挈苦結反闋音闋

予曰有疏附予曰有先後予曰有奔奏予曰有禦侮率下親上曰疏附相道前後曰先後喻德宣譽曰奔奏武臣折衝曰禦侮箋云予我也詩人自我也文王之德所以至然者我念之曰此亦由有疏附先後奔奏禦侮之臣力也疏附使疏者親也奔奏使人歸趨之。先蘇薦反注同後胡豆反注先後同本音奔本亦作奔注同奏如字本亦作走音同注同御魚呂反本又作禦音同侮亡甫反相息亮反道音導本亦作導折之設反衝昌容反

〇傳率下至禦侮。〇正義曰此以臣有四行故解其名之義疏附者此能率其臣下先與君疏者令之親於君上能使親附故曰疏附也先後者此臣能相導禮儀使依典法在君前後故曰先後也奔走者此臣能曉喻天下之人以王德宣揚王之聲譽使人知令天下皆奔走而歸趨之故曰奔走也禦侮者有武力之臣能折止敵人之衝突者是能扞禦侵侮故曰禦侮也以此四行徧該羣臣雖有賢聖不過此矣直摠言臣有四行而已不指其臣云某為疏附某為禦侮故君奭云惟文王尚克脩和我有夏亦惟有若虢叔有若閎夭有若散宜生有若泰顛有若南宮括注云詩傳說有疏附奔走先後禦侮之人而曰文王有四臣以受命此之謂引此四行以證五臣明非一臣有一行也彼注云不及呂望太師也教文王以大德謙不以自比焉周公謙不自比詩人不當代謙明周召之輩亦在其中所言四行無定人矣書傳說宜生南宮括閎夭三子學於太公遂與三子見文王於羑里獻寶以免文王乃云孔子曰文王得四臣吾亦得四友自吾得回也門人加親是非疏附與自吾得賜也遠方之士至是非奔走與自吾得師也前有輝後有光是非先後與自吾得由也惡言不至於門是非禦侮與文王有四臣以免虎口丘亦有四友以禦侮如此言則四人人有一行與前說乖者書傳因有四人為之說耳孔子以巳弟子四人擬彼四行其於文王之臣亦不言人為一行縱彼四人各為一行此詩所言不獨指彼四人也。〇箋予我至趨之。〇正義曰予我釋詁文箋於此獨言詩人自我者此美文王之德而云我所我之事不明故辯之言文王之德所以至然者是也所以得使虞芮感化至於是者我念之由有此四臣之力故也疏附奔走傳甚未明故特申說之

緜九章章六句

# 人物

伊尹 保衡 伊陟 臣扈

文王曰咨咨女殷商匪上帝不時殷不用舊。箋云此言紂之亂非其生不得其時乃不用先王之故法之所致雖無老成人尚有典刑。箋云老成人謂若伊尹伊陟臣扈之屬雖無此臣猶有常事故法可案用也。扈音戶曾是莫聽大命以傾。箋云莫無也朝廷君臣皆任喜怒曾無用典刑治事者以至誅滅疏文王至以傾。正義曰文王曰咨咨嗟汝殷商汝所以將至滅亡者非爲上帝生之使不得其時乃由汝殷紂自不用先王舊故之法所致耳又言其不用舊故之事今時雖無年老成德之人若伊陟之類猶尚有先王常事故法可案而用之汝今君臣皆任喜怒以自專恣曾於是常事故法莫肯聽受用之由此汝之大命以致傾覆而誅滅今王何不以紂爲戒自改悔乎。箋老成至案用。正義曰以殷不用舊章即以殷臣言之故云老成人謂若伊尹伊陟臣扈之屬於厲王則周召毛畢之倫也君奭曰在昔成湯既受命時則有若伊尹在太甲時則有若保衡在太戊時則有若伊陟臣扈巫咸在祖乙時則有若巫賢在武丁時則有若甘盤注云伊尹名摯湯以爲阿衡以尹天下故曰伊尹至太甲改曰保衡則伊尹保衡一人也伊陟伊尹之子據君奭之文從上言之盡臣扈三人以下猶有巫咸巫賢甘盤故言之屬以包之。箋朝廷至誅滅。正義曰以莫爲揔辭故知朝廷君臣也不用典刑則是自制威福故云皆任喜怒雲漢云大命近止謂民之性命此言大命以傾亦謂君臣性命故云以至誅滅

# 人物

## 尹吉

彼都人士充耳琇實琇美石也箋云言以美石爲瑱瑱塞耳。琇音秀徐又音誘瑱他見反彼君子女謂之尹吉尹正也箋云吉讀爲姞尹氏姞氏周室昏姻之舊姓也人見都人之家女咸謂之尹氏姞氏之女言有禮法。吉毛如字鄭讀爲姞其吉反又其乙反我不見兮我心苑結箋云苑猶屈也積也。苑於粉反徐音鬱又於阮反疏彼都至苑結。毛以爲言彼明王之時都人之有士行者充耳以琇之美石實其耳是其有節制也彼都人有君子之德其家之女謂之正直而嘉善矣我今不見古之士女德服如是我心爲之苑然蘊屈如繩索之爲結矣。鄭唯尹姞爲異餘同。傳琇美石。正義曰淇奧傳曰琇瑩美石說文云琇美石次玉也然琇是美石之名耳而此傳俗本云琇實美石者誤也今定本毛無實字說文直云琇石次玉則實非玉名故王肅云以美石爲瑱塞實其耳義當然也淇奧說武公之服以琇爲充耳此都邑庶人亦用琇者禮天子以純玉諸侯以下則玉石雜衛風自舉石言之其實玉多而石少非全用石也此則庶人無玉用石而已其用之石則與諸侯之同名故俱言琇也。傳尹正。正義曰釋言文王肅云正而吉也易繫辭云吉人之辭寡。箋吉讀至禮法。正義曰言謂之者是指成事而謂之故易傳也尹既是姓則吉亦姓也故讀爲姞美其人而謂之尹姞者以尹氏姞氏周室昏姻之舊姓也知者節南山云尹氏大師常武經曰王謂尹氏昭二十三年尹氏立王子朝是其世爲公卿明與周室爲昏姻也韓奕云爲韓姞相攸言汾王之甥是姞與周室爲昏姻也又宣三年左傳云鄭石癸曰吾聞姬姞耦其子孫必蕃姞吉人也后稷之元妃也言姬姞耦明爲舊姓以此知尹亦有昏姻矣既世貴舊姓昏連於王室宗風不替是有禮法矣故見都人之女有禮法者謂之尹姞也孫毓云尹氏姞氏衰世舊姓豈必能賢案篇義思古之人則所言皆斥明王之時不得以衰世爲難矣

人物

蘇公暴公

何人斯，蘇公刺暴公也。暴公爲卿士而譖蘇公焉，故蘇公作是詩以絶之。暴也蘇也皆畿內國名

疏何人斯八章章六句至絶之。正義曰何人斯者蘇公所作以刺暴公也暴公爲王卿士而於王所讒譖蘇公令使獲譴焉故蘇公作是何人斯之詩以絶之言暴公不復與交也按此經無絶暴公之事唯首章下二句云伊誰云從誰暴之云亦非絶之言但解何人之意言已以爲暴公之所言是暴公譖已事彰無所致疑此句是絶之辭也經八章皆言暴公之侶疑其讒已而未察故作詩以窮之不欲與之相絶疑者未絶則不疑者絶可知疑暴公之侶窮極其情欲與之絶明暴公絶矣故序專

云刺暴公而絶之也刺暴公而得爲王詩者以王信暴公之讒而罪已刺暴公亦所以刺王也。箋暴也至名。正義曰蘇忿生之後成十一年左傳曰昔周克商使諸侯撫封蘇忿生以温爲司寇則蘇國在温杜預曰今河內温縣是蘇在東都之畿內也春秋之世爲公者多是畿內諸侯徧檢書傳未聞畿外有暴國今暴公爲卿士明畿內故曰皆畿內國名春秋時蘇稱子此云公者子蓋子爵而爲三公也暴公爲卿士而亦稱公當卿士兼公官也又暴公爲卿士而譖蘇公則蘇公爲卿士以否未可知但何人爲暴公之侶云二人從行則亦卿士也故王肅云二人俱爲王卿相隨而行下云及爾如貫鄭云俱爲王臣蘇公亦爲卿士矣

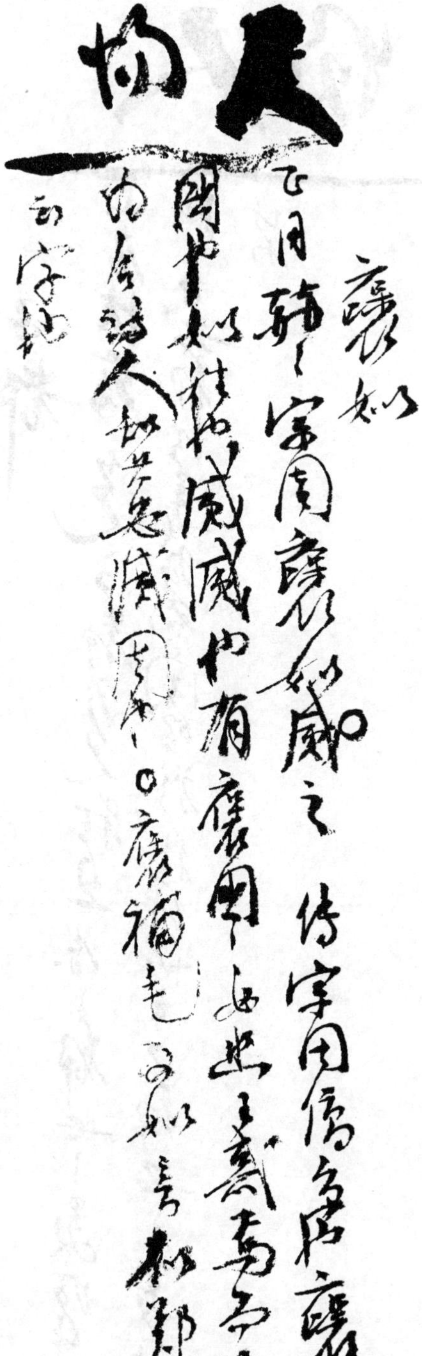

# 人物

王都

山房掇蘇見之王都乃見雅旦備之都世之數明甚

池已母都江夏始為閑暇形於作始辛都世之數始

比初

# 人物

文武之待一平王宁王

讨何候勝矣

# 人物

仲畧手

試寫之之下午作于研究室

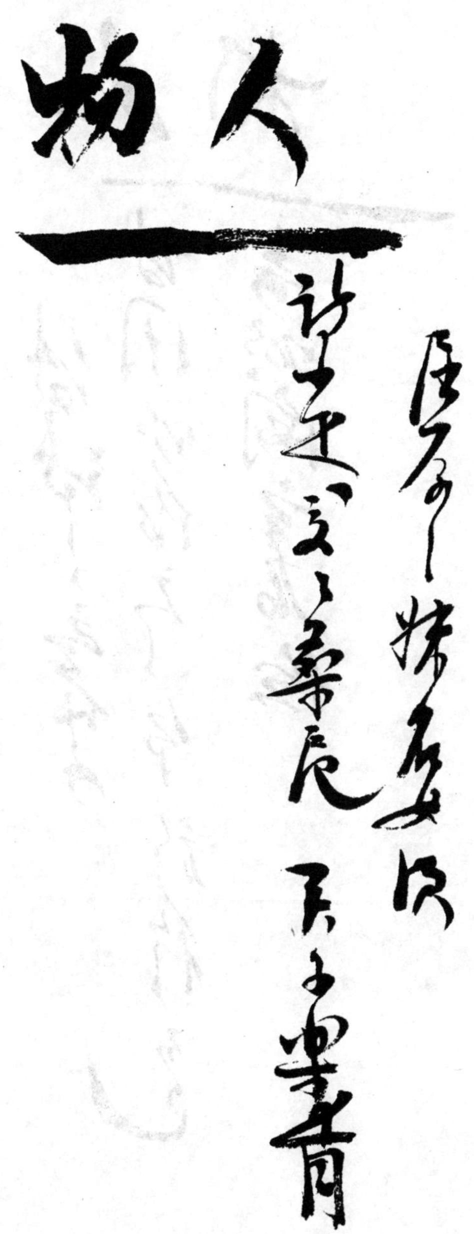
人物

# 人物

借詩人孟浩然

詩問以作天下事能移之

無吸陶宦居位

人物

琴張聞宗魯死琴張孔子弟子字子開名牢○牢力刀反疏注琴張至名牢○正義曰家語云孔子弟子琴牢衛人字子開一字張則以字配姓為琴張即牢曰子云是也賈逵鄭衆皆以為子張即顓孫師服虔云案七十子傳云子張少孔子四十餘歲孔子是時四十一○未有子張鄭賈之說不知所出將往弔之仲尼曰齊豹之盜而孟縶之賊女何弔焉言齊豹所以為盜孟縶所以見賊皆由宗魯○女音汝君子不食姦如公孟不善而受其祿是食姦也不受亂許豹行事是受亂也不為利疚於回疚病回邪也以利故不能去是病身於邪○為于僞反疚居又反邪似嗟反下同不以回待人知難不告是以邪待人○難乃旦反下同不蓋不義以周事豹是蓋不義不犯非禮以二心事縶是非禮○宋華向之亂公子城平公子公孫忌樂舍樂喜孫司馬彊向宜向鄭

昭二十

# 人物

○齊簡公之在魯也闞止有寵焉（簡公悼公陽生子壬也闞止子我也事在六年○闞苦暫反）及卽位使爲政陳成子憚之驟顧諸朝（成子陳常心不安故數顧之○憚大且反驟仕救反數所角反）諸御鞅言於公（鞅齊大夫）曰陳闞不可並也君其擇焉（擇用一人）弗聽子我夕（夕視事）陳逆殺人逢之（陳逆子行陳氏宗也子我逢之）遂執以入（執逆至朝）陳氏方睦（欲謀齊國故宗族和）使疾而遺之潘沐備酒肉焉（使詐病因內潘沐幷得內酒肉潘米汁可以沐頭○遺唯季反潘芳袁反注皆同沐音木汁之十反）饗守囚者醉而殺之而逃

# 人物

將戰吳子呼叔孫 叔孫武叔州仇 曰而事何也 問何職 對曰從司馬 從吳司馬所命 王賜之甲劍鈹曰奉爾君事敬無廢命叔孫未能對衛賜進 賜子貢孔子弟子。鈹普悲反 疏 衛賜。正義曰子貢衛人故稱衛賜 曰州仇奉甲從君而拜 拜受之

卷十一

# 人物（逸民）

注蓧竹器。正義曰說文作莜芸田器也逸民伯夷叔齊虞仲夷逸朱張柳下惠少連逸民者節行超逸也包曰此七人皆逸民之賢者子曰不降其志不辱其身伯夷叔齊與鄭曰言其直己之心不入庸君之朝謂柳下惠少連降志辱身矣言中倫行中慮其斯而已矣孔曰但能言應倫理行應思慮如此而已謂虞仲夷逸隱居放言包曰放置也不復言世務身中清廢中權馬曰清純潔也遭世亂自廢棄以免患合於權也我則異於是無可無不可馬曰亦不必進亦不必退唯義所在疏逸民至不可。正義曰此章論逸民賢者之行也逸民伯夷叔齊虞仲夷逸朱張柳下惠少連者逸民謂民之節行超逸者也此七人皆逸民之賢者也子曰不降其志不辱其身伯夷叔齊與者此下孔子論其逸民之行也言其直己之心不降志也不入庸君之朝不辱身也惟伯夷叔齊有此行也謂柳下惠少連降志辱身矣者言中倫行中慮其斯而已矣者又論此二人食祿亂朝是降志辱身也倫理也中慮也但能言應倫理行應思慮如此而已不以世務嬰心故亦謂之逸民謂虞仲夷逸隱居放言身中清廢中權者放置也清純潔也權反常合道也孔子又論此二人隱遯退居放置言語不復言其世務其身不仕濁世應於純潔遭世亂自廢棄以免患應於權也我則異於是無可無不可者孔子言我之所行則與此逸民異亦不必進亦不必退唯義所在故曰無可無不可也不論朱張之行者王弼云朱張字子弓荀卿以比孔子今

其行與孔子同故不論也

# 人物文例

陽貨欲見孔子孔子不見孔曰陽貨陽虎也季氏家臣而專魯國之政欲見孔子使仕歸孔子豚孔曰欲使往謝故遺孔子豚孔子時其亡也而往拜之遇諸塗。孔曰塗道也於道路與相逢謂孔子曰來予與爾言曰懷其寶而迷其邦可謂仁乎曰不可馬曰言孔子不仕是懷寶也知國不治而不爲政是迷邦也好從事而亟失時可謂知乎曰不可孔曰言孔子栖栖好從事而數不遇失時不得爲有知日月逝矣歲不我與馬曰年老歲月已往當急仕孔子曰諾吾將仕矣孔曰以順辭免。疏陽貨至仕矣。正義曰此章論家臣專恣孔子遜辭遠害之事也陽貨欲見孔子者陽貨陽虎也蓋名虎字貨爲季氏家臣而專魯國之政欲見孔子將使之仕也孔子不見者疾其家臣專政故不與相見歸孔子豚者歸遺也豚豕之小者陽貨欲使孔子往謝因得從容見之故遺孔子豚也孔子時其亡而往拜之者謂伺虎不在家時而往謝之也遇諸塗者塗道也孔子既至貨家而反於道路與相逢也謂孔子曰來予與爾言者貨呼孔子使來就己言我與汝有所言也曰懷其寶而迷其邦可謂仁乎者此陽貨謂孔子之言也寶以喻道德言孔子不仕是懷藏其道德也知國不治而不爲政是使迷亂其國也仁者當拯弱興衰使功被當世今爾乃懷寶迷邦可以謂之仁乎曰不可者此孔子遜辭言如此者不可謂之仁也好從事而亟失時可謂知乎者此亦陽貨謂孔子辭亟數也言孔子棲棲好從事而數不遇失時可謂有知者乎不得爲有知也曰不可者此亦孔子遜辭言如此者不可謂之知也日月逝矣歲不我與者此陽貨勸孔子求仕之辭逝往也言孔子年老歲月已往不復留待我也當急求仕孔子曰諾吾將仕矣者諾應辭也孔子知其勸仕故應荅之言我將求仕以順辭免去也

# 人物

鄭箋詩云祀郊禖之時時則有大神之迹姜嫄履之足不能滿履其拇指之處於是遂有身而生后稷是其事也 張仲孝友周宣王時賢臣 善父母爲孝善兄弟爲友 疏 張仲至爲友○釋曰云張仲孝友者小雅六月文也云善父母爲孝善兄弟爲友者釋之也李巡云張姓仲字其人孝故稱孝友毛傳云張仲賢臣也鄭箋云張仲吉甫之友其性孝友以詩敘云六月宣王北伐也故郭云周宣王時賢臣 有

雅釋訓

# 人物（古）（右

○晉侯　襄十四

問衛故於中行獻子問衛逐君當討否獻子荀偃。對曰不如因而定之衛有君矣謂剽已立伐之未可以得志而勸諸侯史佚有言曰因重而撫之重不可移就撫安之。佚音逸仲虺有言曰亡者侮之亂者取之推亡固存國之道也仲虺湯左相。虺許鬼反侮亡甫反相息亮反疏仲虺至道也。正義曰尚書仲虺之誥云兼弱攻昧取亂侮亡推亡固存邦乃其昌孔安國云弱則兼之闇則攻之亂則取之有亡形則侮之有亡道則推而亡之有存道則輔而固之王者如此國乃昌盛此傳取彼之意而改爲之辭其言非本文也。君其定衛以待時乎待其昏亂之時乃伐之。冬會于戚謀定衛也定立剽。○范宣子假羽毛於齊而弗歸齊人始貳析羽爲旌王者游車之所建齊私有之因謂之羽毛宣子聞而借觀之。析星歷反疏注析羽至

十三經注疏　春秋左傳三十二　襄公十四年　十五年　十二

# 人物雜誌 例札

○曾子問

曰下殤土周葬于園遂輿機而往塗邇故也土周堲周也周人以夏后氏之堲周葬下殤於園中以其去成人遠不就墓也機輿尸之牀也以繩組其中央又以繩從

兩旁鉤之禮以機舉尸輿之以就園而斂葬焉塗近故耳輿機或爲餘機○邇音爾近也即本又作堲子栗反下同組本又作緪古鄧反一音古恒反鉤本又作拘古侯反斂力驗反下同○今墓遠則其葬也

如之何今人斂下殤於宮中而葬於墓與成人同墓塗乃遠其葬當輿其棺乎載之也問禮之變也孔子曰吾聞諸老聃曰昔者史佚有子而死下

殤也墓遠蓋欲葬墓如長殤從成人也長殤有送葬車者則棺載之矣史佚成王時賢史也猶有所不知○佚音逸長丁丈反下同則棺古患反下文棺斂衣棺注棺謂皆同○召公謂之曰何

以不棺斂於宮中欲其斂於宮中如成人也斂於宮中則葬當載之○召本又作邵同上照反下同史佚曰吾敢乎哉長知禮也召公言於周公爲史佚問

○爲于僞反下爲辟下文有爲並同周公曰豈不可言是豈於禮不可不許也○豈絕句言是豈絕句於禮不可絕句周公曰史佚行之失指以爲許也遂用召公之言下殤用棺

衣棺自史佚始也棺謂斂於棺○疏曾子至始也○正義曰此一節論葬下殤之事曾子問曰下殤土周○曾子既見時所行與古禮異故舉事而問也下殤謂八歲至十一也土周檀弓所云夏后氏之堲

周是也周人用特葬下殤之喪故云下殤土周也○葬于園者園圃也下殤去成人遠不可葬於成人之墓故用土周而葬於園中也○遂輿機而往者輿猶抗也機者以木爲之狀如牀無腳及轅簀也先用一繩直於中央係著兩頭之根又

別取一繩係一邊材橫鉤中央直繩報還鉤材往還取而兩邊悉然而後以尸置於繩上抗舉以往園中臨斂時當堲周之上先縮除直繩則兩邊交鉤之繩悉各離解而尸從機中央零落入於堲周中故曰輿機而往也○塗邇故也者塗路

也邇近也若成人墓遠則以棺衣棺於宮中此下殤葬於園是路去家甚近故先用機舉尸往園中而後棺斂故曰塗邇故也○注土周至輿機○正義曰按檀弓云夏后氏之堲周葬中殤下殤故知土周是堲周也云周人以夏后氏之堲周

葬下殤於園中者檀弓云中殤下殤此直云葬下殤土周葬於園者以經云下殤故指下殤爲言檀弓所云據士及庶人也若諸侯長中殤適者車三乘下殤車一乘則有遺車即不得堲周輿機而葬也諸侯庶長殤中殤車一乘則宗子亦不

用堲周輿機而葬其下殤則輿機其大夫之適長殤中殤遺車一乘亦不輿機下殤無遺則輿機也然則王之適庶長中下殤皆有遺車並不輿機士及庶人適庶皆無遺車則中下殤並皆輿機故熊氏云若無遺車中從下殤其長殤死無遺

下殤土周（堲周）葬于園（圃）遂輿機而往——但諸侯大夫其知

尺是

史佚

豈不可 後不可

車年又長大不可與下殤同盡棺斂於宮中載棺而往之墓從成人也。今墓遠則其葬也如之何。今謂曾子見時世禮變皆棺斂下殤於宮中而葬之於墓與成人同隆今既遠不復用輿機於尸爲當用人抗舉棺而往墓爲當用車載棺而往墓邪問其葬儀故云如之何。昔者史佚有子而死下殤也墓遠。此舉失禮所由之人史佚周初良史武王周公成王時臣也有子下殤而死。墓遠者史佚欲不葬於園而載尸往墓及棺而葬之其墓稍遠猶豫未定注史佚武王時



賢史也。正義曰史佚文王武王時臣故國語稱訪於辛尹尚書稱逸祝冊是也但下殤之喪非成人之要故史佚猶有不知。召公謂至宮中。召公名奭見史佚欲依下殤禮而不棺斂於宮中而欲車載往墓猶豫未定故勸之令棺斂於宮中如成人也。史佚曰吾敢乎哉者言吾雖欲如此猶不敢恐違禮者所譏注畏知禮也者是畏周公也不欲直指。召公言於周公者言猶問也史佚既畏周公故召公爲諮問於周公述其事狀以決之者周公曰豈不可者周公聞召公之問故荅云豈豈者怪拒之辭先怪拒之又云不可不可是不許之辭。史佚行之者召公述周公曰豈不可之辭以語史佚史佚不達其指猶言周公豈不可是許之辭故行棺衣宮中之禮也。下殤用棺衣棺自史佚始也。更據失禮所由也。然此云棺衣棺於宮中自史佚爲始明昔非惟宮中不棺亦不衣也。而不言於宮中者畧從可知也

# 人物

附釋音春秋左傳注疏卷第二十五 成元年盡二年

杜氏注　孔穎達疏

成公○陸曰成公名黑肱宣公子謚法安民立政曰成 疏 正義曰魯世家云成公名黑肱宣公之子穆姜所生以定王十七年即位謚法安民立政曰成釋例曰計公衡之年成公又非穆姜所生不知其母何氏也案宣元年夫人婦姜至自齊即穆姜也至此始十八年耳二年傳稱公衡為質於楚公衡成公子也既堪為質則其年已長成公若是穆姜之子未得有成長之男

十三經注疏　春秋左傳二十五　成公元年　二十三

# 人物

○吳子使屈狐庸聘于晉狐庸巫臣之子也成七年適吳爲行人。屈君勿反狐音胡通路也通吳晉之路趙文子問焉曰延州來季子其果立乎延州來季札邑疏延州來季札邑。正義曰釋例土地名延州來闕不知其處則杜謂延州來三字共爲一邑服虔云延延陵也州來邑名季子讓王位升延陵爲大夫食邑州來傳家通言之案傳文謂之延陵季子則是延陵與州來必不得爲一但不知何以呼爲延陵耳或延陵亦是邑名蓋並食二邑故連言之巢隕諸樊在二十五年。隕于敏反閽戕戴吳在二十五年戴吳餘祭。閽音昏戕在良反祭側界反天似啓之何如對曰不立是二王之命也非啓季子也若天所啓其在今嗣君乎嗣君謂夷昧甚德而度德不失民民歸德度不失事審事情民親而事有序其天所啓也有吳國者必此君之子孫實終之季子守節者也雖有國不立言其三兄雖欲傳國與之終不肯立。傳直專反

襄卅一

# 人物

與南遺敢叔孫氏邑○射食亦反中丁仲反昭子即位朝其家衆曰豎牛禍叔孫氏使亂大從使從於亂○使亂大從如字服云使亂大和順之道也疏使亂大從○正義曰杜云使從於亂服虔云使亂大和順之道殺適立庶又披其邑將以赦罪披析也謂以邑與南遺昭子不知豎牛餓殺其父故但言其見罪○適丁歷反本又作𢷾披普皮反析星歷反見賢遍反疏注披析至見罪○正義曰昭子若知豎牛餓殺其父則當顯加誅戮不應宜以殺適立庶爲大罪也若昭子知雖不殺則昭子有大罪矣仲尼不宜善其不以立己爲功勞也是昭子不知豎牛餓殺其父但言見罪仲尼又嫌其見言而善之罪莫大焉必速殺之豎牛懼奔齊孟仲之子殺諸塞關之外齊魯界上關○塞悉代反投其首於寧風之棘上寧風齊地仲尼曰叔孫昭子之不勞不可能也不以立己爲功勞據其所言善之時魯人不以餓死語昭子○語魚據反周任有言曰爲政者不賞私勞不罰私怨詩云有覺德行四國順之詩大雅覺直也言德行直則四方順從之○任

# 人物（車）

甲戌將

戰鄭無恤御簡子衛太子爲右鄭無恤王良也。鄭音丸疏注鄭無恤王良也。正義曰下云子良授綏是也服虔云王良也孟子說王良善御之事古者車駕四馬御之爲難故爲六藝之一王良之善御最有名於書傳多稱之楚辭云當世豈無騏驥兮誠無王良之善御見執轡者非其人兮故駒跳而遠去登鐵上。鐵丘名望見鄭師衆大子懼自投于車下子良授大子綏而乘之曰婦人也言其怯。怯去業反疏授大子綏。正義曰曲禮云凡僕人之禮必授人綏論語稱孔子上車必正立執綏而升綏者挽以上車之乘故授之使之升也少儀云僕者右帶劍負良綏申之面拖諸幦鄭玄云面前也幦覆苓也良綏君綏也負之由左肩上入右腋下申之於前覆苓上也

哀二 [illegible]

# 人物

晉車千乘在中牟救夷儀也今熒陽有中牟縣迴遠疑非也○乘繩證反疏注今熒至非也○正義曰此中牟在晉竟內也趙世家云獻侯卽位治中牟漢書地理志云河南郡有中牟縣趙獻侯自耿徙此又云三家分晉河南之中牟魏分也杜言今熒陽有中牟縣謂此河南之中牟也晉世分河南爲熒陽郡中牟屬焉此地乃在河南計非晉竟所及故云迴遠疑非也又三家分晉中牟屬魏則非趙得都之趙獻侯治中牟亦非河南之中牟也此言晉車在中牟哀五年趙鞅伐衞圍中牟論語佛肸爲中牟宰與趙獻侯所都中牟或當是一必非河南中牟當於河北別有中牟但不復知其處耳有臣瓚者不知其姓或云姓傅作漢書音義云臣瓚案河南中牟春秋之時在鄭之疆內及三卿分晉則爲魏之邦土趙界自漳水以北不及此也春秋衞侯如晉過中牟案此之中牟非衞適晉之次也汲郡古文曰齊師伐趙東鄙圍中牟此中牟不在趙之東也案中牟當在温水之上瓚言河南中牟非此中牟誠如其語謂此中牟當在温水之上不知其所案據也

# 人物

志父無罪君實圖之志父趙簡子之一名也言已事濟君當圖其賞○志父音甫服云趙鞅入晉陽以畔後得歸改名志父春秋仍舊猶書趙鞅

疏注志父至其賞○正義曰牧誓武王誓衆尚自稱名況以人臣誓衆固當自稱名矣知志父是簡子名也簡子名鞅又名志父者服虔云趙鞅入于晉陽以叛諸侯之策書曰晉趙鞅以叛既復更名志父或當然也楚公子圍弒君取國改名曰虔經即書虔公子棄疾弒君取國改名曰居經即書居今趙鞅改名志父經書猶云趙鞅者彼楚子既爲國君臣下以所改之名告於鄰國故得書所改之名趙鞅人臣家臣不爲之諱仍以趙鞅名告故書鞅也鞅言君實圖之言已事濟君當謀其賞也簡子言此君當謀其賞者言君當賞其在下副上所誓之言欲使在下信之非欲自求賞也

# 殷史事

箕子

是歲晉又饑秦伯又餼之粟曰吾怨其君而矜其民且吾聞唐叔之封也箕子曰其後必大晉其庸可冀乎唐叔晉始封之君武王之子箕子殷王帝乙之子紂之庶兄○餼許氣反疏注唐叔至庶兄○正義曰唐叔晉始封之君晉世家文也宋世家云箕子者紂親戚也止云親戚不知為父兄也鄭玄王肅皆以箕子為紂之諸父服杜以為紂之庶兄既無正文各以其意言耳歷檢諸書不見箕子之名唯司馬彪注莊子云胥餘箕子名不知其然否姑樹德焉以待能者於是秦始征晉河東置官司焉征賦也

僖十五

# 人物

顏子

大戴曾子疾病篇（曾子疾病曾元抑首曾華抱足）曾子曰微乎吾無夫顏氏之言吾何以語汝哉

然蓋曾子時傳為顏氏顏氏之書絕可知矣

# 狗人

鄒衍見狗於燕

說衛之盛屠帝

# 人物

尉缭

论衡[三]骨相篇

# 人物一

文中子

見新書王績王勃傳

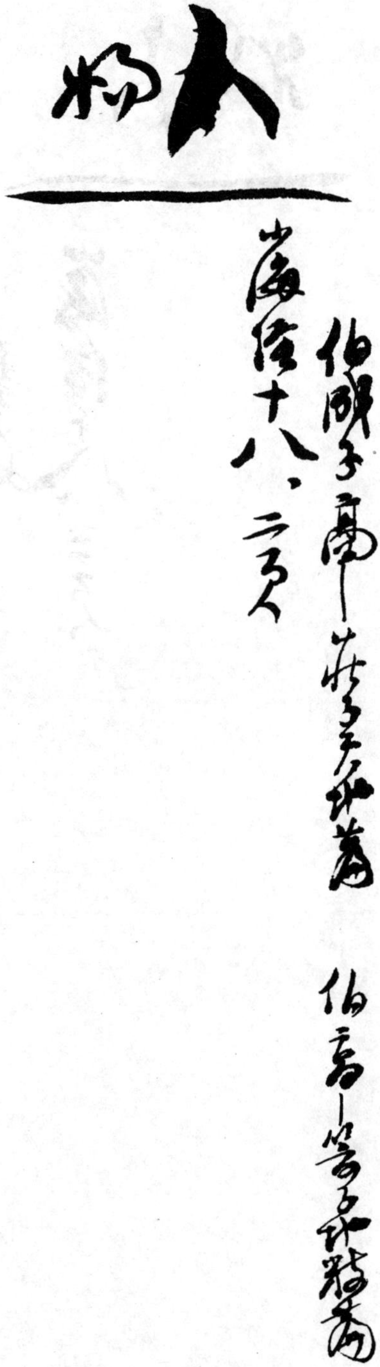

# 人物

嶺經千八、書女三千八人

# 人物

荀卿（孫卿）書注漢宣帝名詢劉向編録以荀爲孫

# 人物

老聃

勉案莊子内篇言老聃者四

(一)養生主篇以安以處順之以半節

(二)德充至於悟乃今之節

(三)下陽子居見莊子園節

(四)三年之喪哭全等之事無辭也者節

(一)鄭注「老聃古壽考者之稱也與孔子同時」疏「鄭注論語云老聃周之太史未知孰是也」此之老聃誰爲周太史

之老聃

# 人物

關於老子之疑問

可看述學 洙泗考信錄 先秦学術思想史168 169葉 梁任

公学術講演集評胡適中國哲學史大綱

# 人物

謝安

广部 庾亮[illegible]庾[illegible] 後石虎[illegible]謝

[illegible]二書固京下日商[illegible]所[illegible]長內

[illegible]書之[illegible]安任謝樓語安石宗精

自[illegible]通[illegible]完

勉案謝[illegible]蓋以文以自然以[illegible]

此

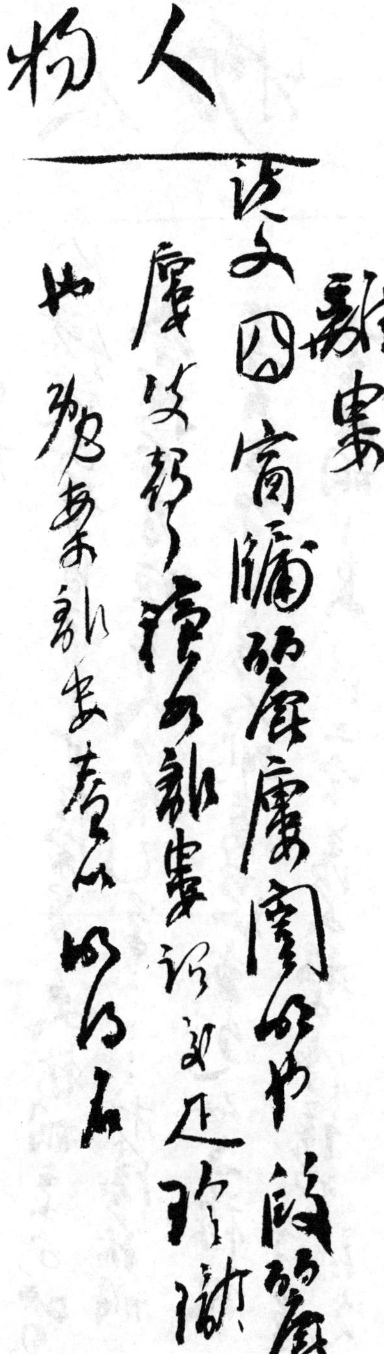
人物
謝安

# 人物

## 秋胡

徐鍇說文繫傳曰……丑於宋畧見秋胡之妻嗜
今據所存語爲人發已學……杜陽秋胡
蓋古稱此名人挑妻故以東見所名祿記
此云秋胡之妻之之二字義與繫傳誤也　詩學　言見
中之下　據此
書證語采

# 人物

宋之遺民語后我識獻

荀子之霜為衡治宋獻是也

# 人物

史徒秋一憶不羈何

尚書不苟爲之首

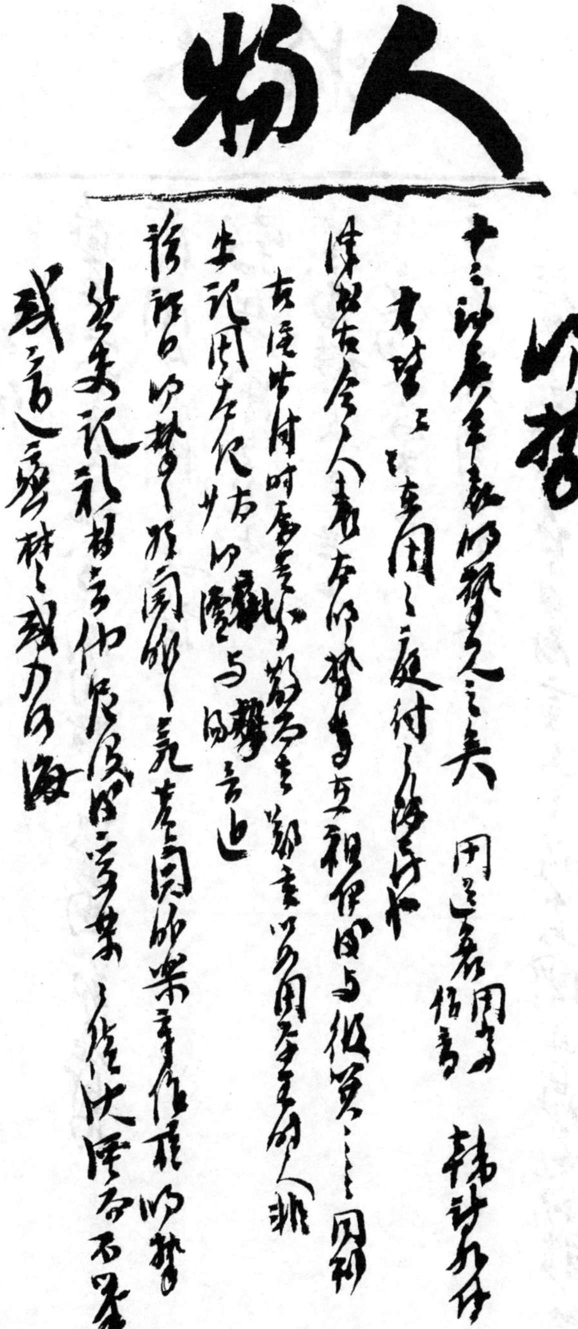
人物

# 人物

召公

燕世家召公奭與周同姓　孔安國　鄭康成同

譙周曰周之支族

穀梁周之分子

皇甫謐云文王庶子

白虎通以為文王子

王充以為周公之兄

汪照云：太保為文王之子，時年與周無考也，則非文王之子明矣（大戴禮注補保傅）

# 柏人

南宫适缙 括仲孙阅一人也、

陈氏、戴礼注、補衛將軍文子 太子信少伯篇衍

姓注

# 人物

## 八士

周書和寤：王乃厲翼于尹氏八士。朱右曾集訓校釋：八士或云即達、适、突、忽、夜、夏、隨、騧也。

又武寤：尹氏八士，太師三公，咸作有績，神無不饗。

又克殷：尹逸策曰……。[redacted]朱曰：尹逸，史佚。殆即八士之叔夜。夜、逸、軼相通。勉案：下文乃命南宫百達、史佚遷九鼎三巫。百達似即伯達。

札子

七十二人

（大戴衛將軍文子）〻〻〻〻〻問於子貢曰吾聞夫子〻

施教也〻〻〻〻蓋受業七十有餘人

史記仲尼弟子列傳七十七 家語曰 又為孔廟

圖七十二

# 人物

鄧析子

見呂覽離謂　列子力命　荀子宥坐　非十二子　不苟　春定九

淮南子曰鄧析巧辯而亂民

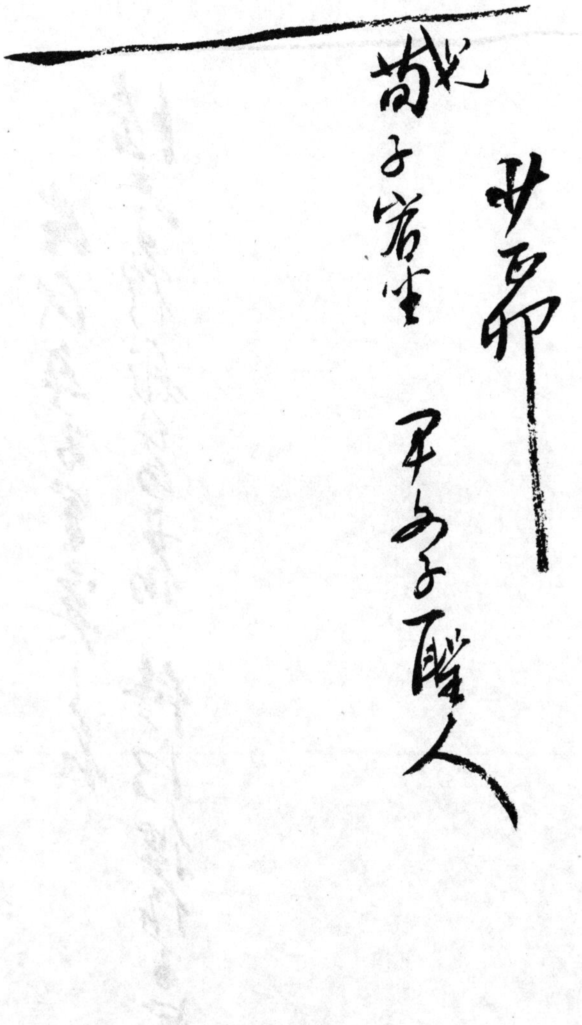

# 人物

古代百里奚〻名在

傳者稱秦與其的 傳聞傳說百里

# 人物

一

詩例十六·講論篇

大飞行

# 人物

一、陳太傅曰天下而言[illegible]出[illegible]於[illegible]之意

論衡有諸生篇

# 人物

論衡十一答佞篇

儀亭作冕名

孔子

孔子周流七十國之誣

論衡八儒增篇

# 人物

「陛下不學圖之大題出而為文者耶」

仰面長嘯 陛下騎驢懼一旦難市儈也之所同之

者信也」

# 人物

蕭何

韓信張良三「蘇學會閱子之兩非勝仰 以下有几

乃傳」

# 人物

范且

見韓非外儲左上二顧廣圻曰范雎即且雎

同字

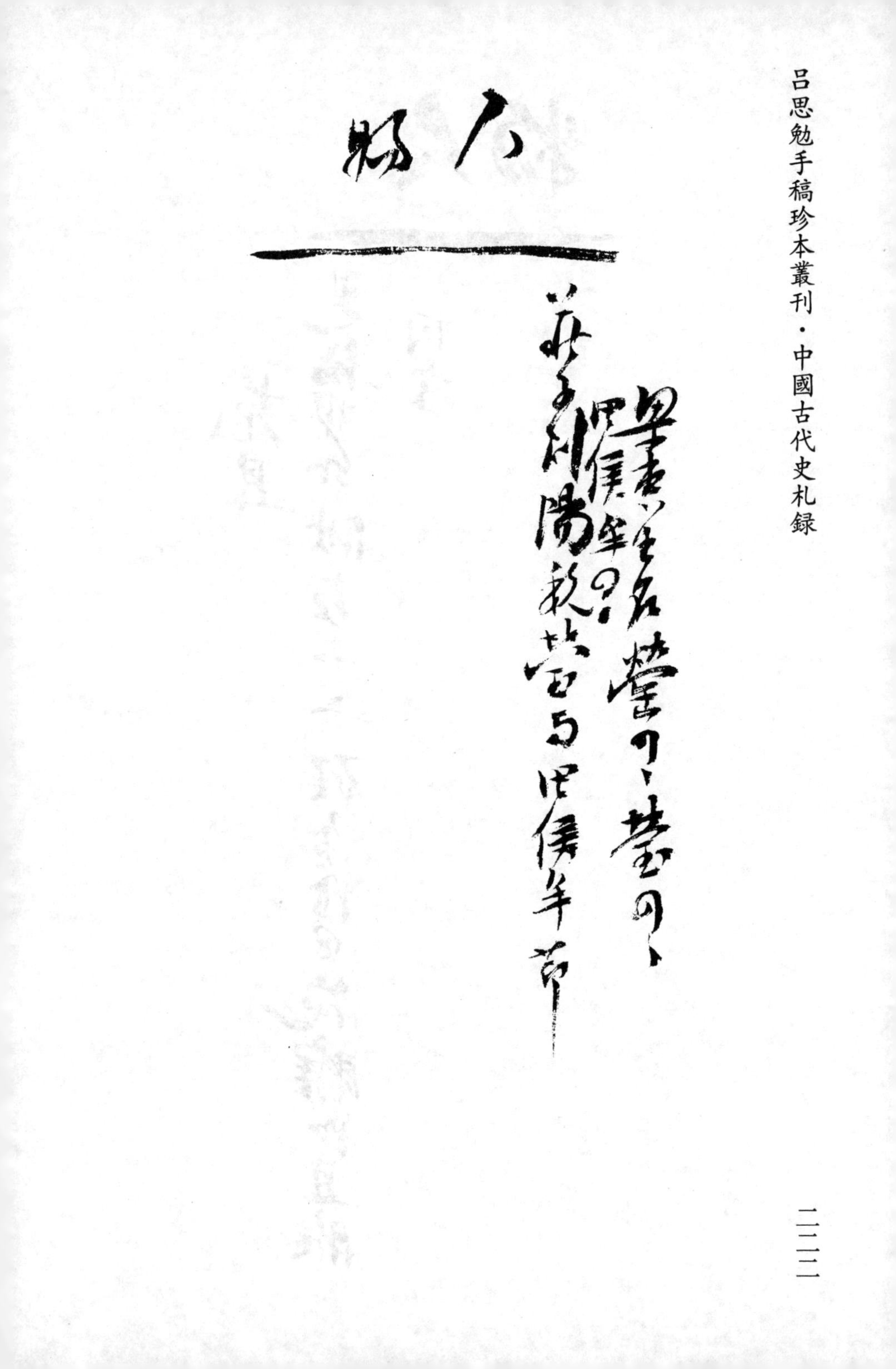

# 大略

[illegible]

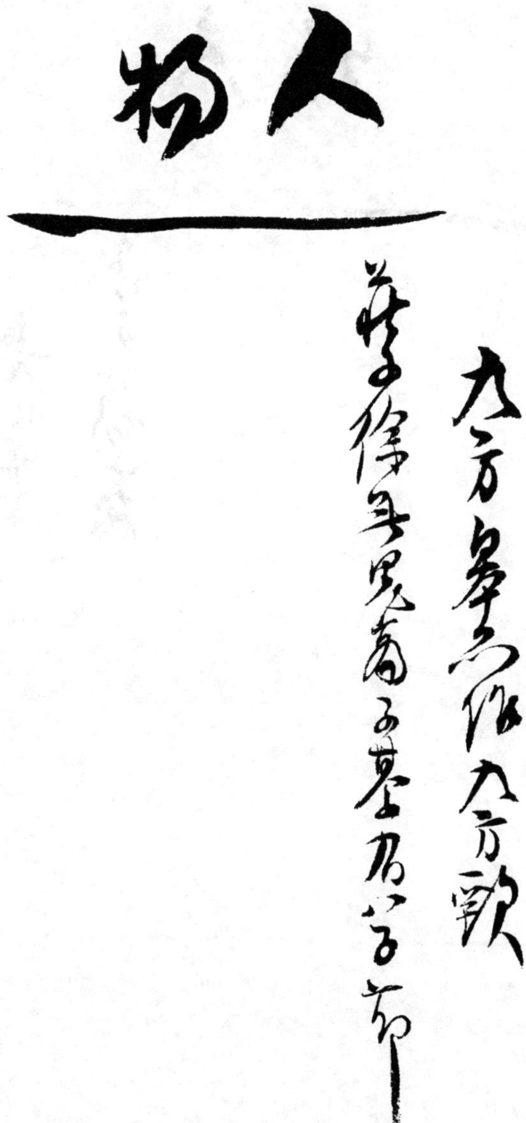
人物

# 人物

老莊荀子

孫子孫卿荀

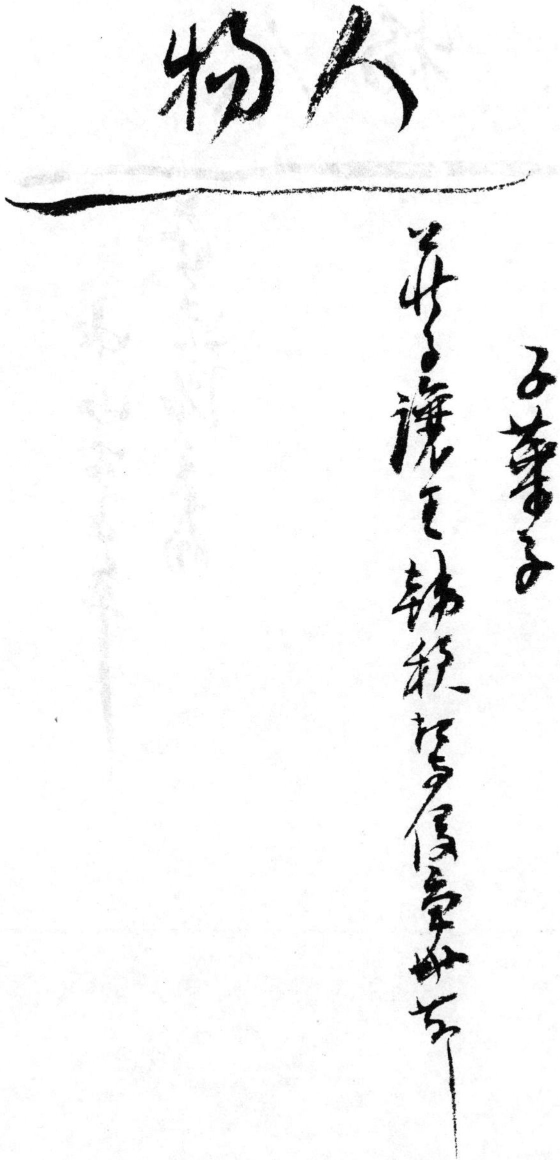
人物

# 人物

中山公子牟

莊子讓王篇

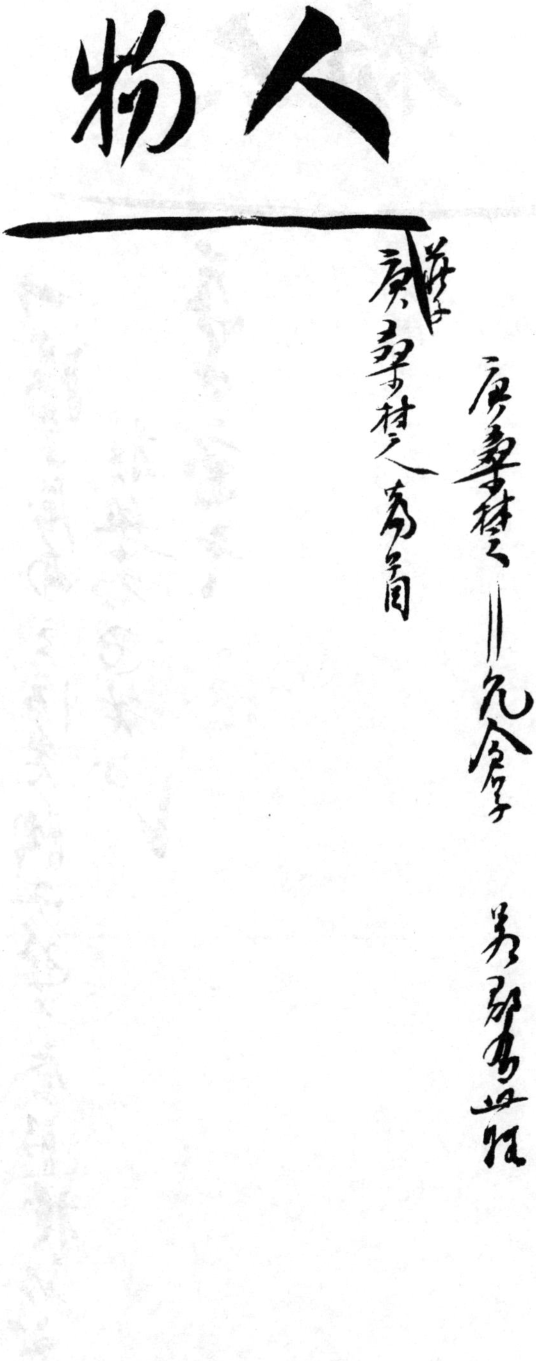
人物

# 人物

陽子居南之沛老聃西遊於秦邀於郊至

楊朱爲遇老子

莊子寓言

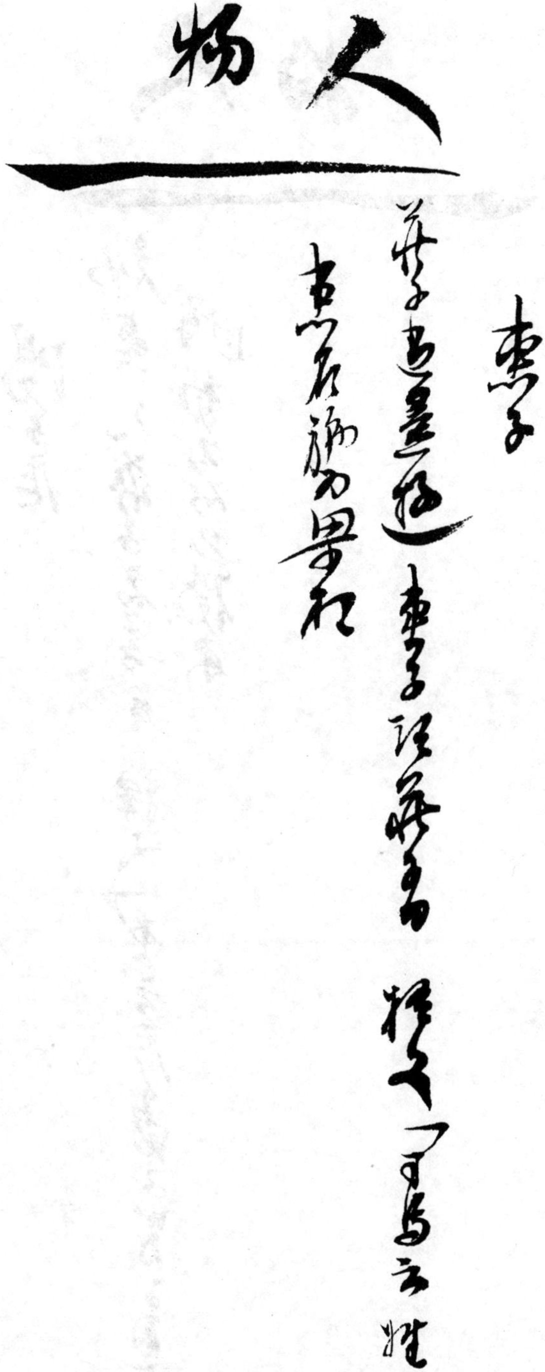
人物

# 人物

## 陽子居

勉某兄大著華為翁書　釋文「李方膺為路子男子通」

稿初名作楊朱

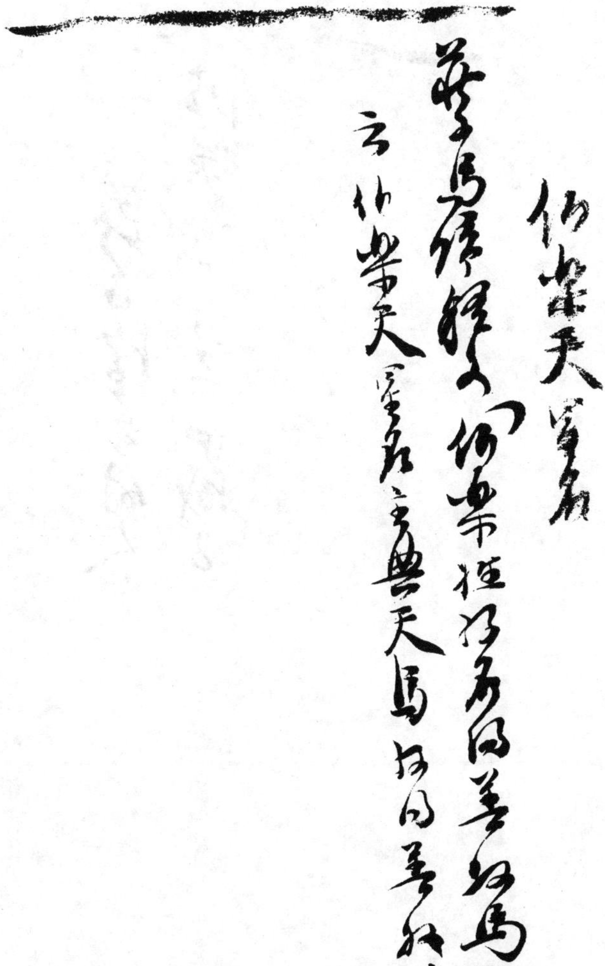

# 人物

一

著官手的人

隨筆叢 以為罷[illegible]……

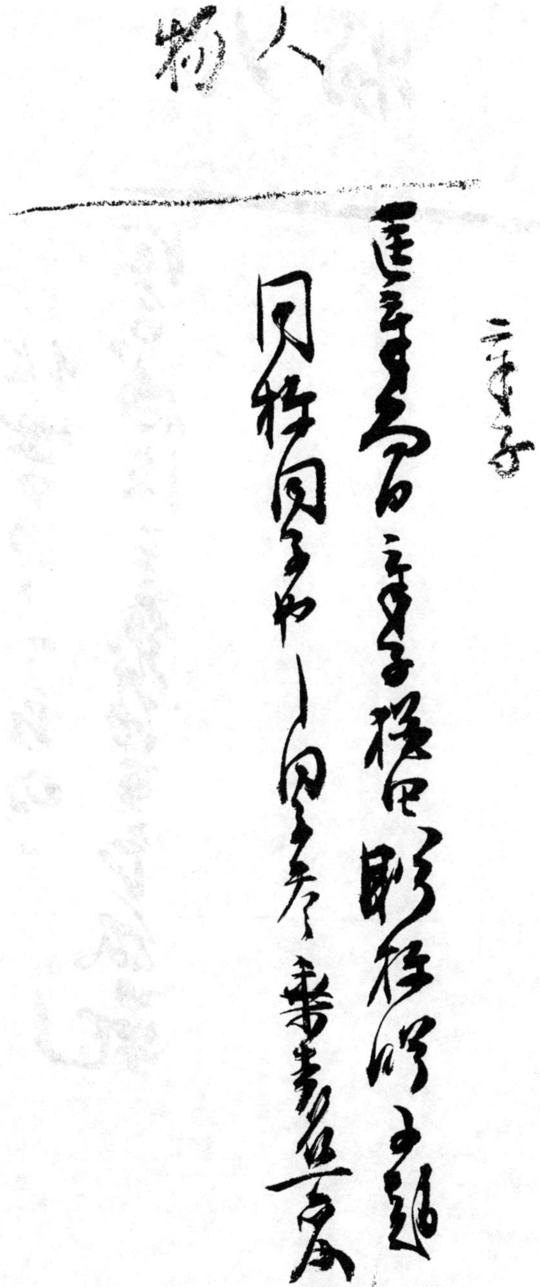
人物

人物

伏學郎一之良の人

陸游補注 王麓堅王良楓範

# 人物

中山学年

[illegible]見人[illegible]寫

# 人物

[illegible]

[illegible]

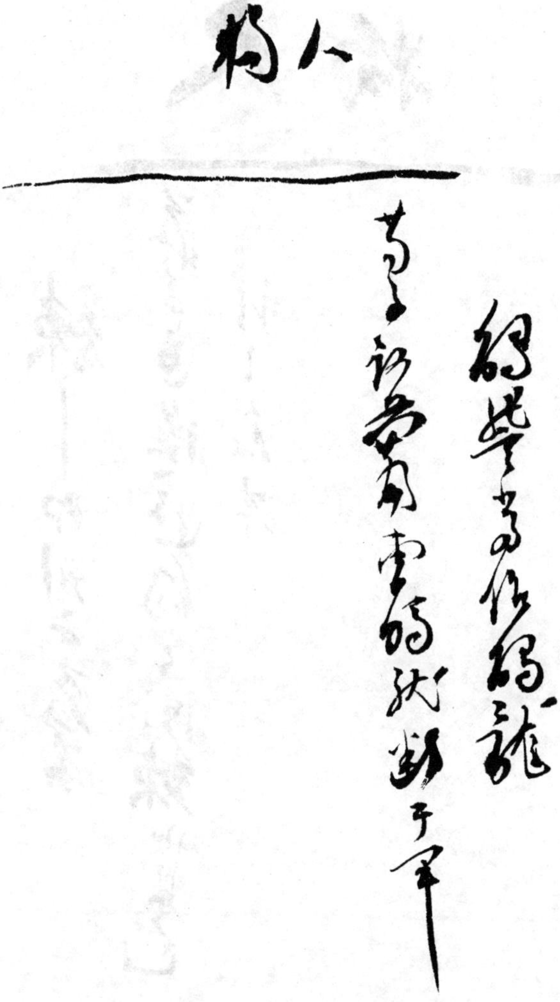
人物

# 人物

棘｜即列子湯問篇

莊子逍遥遊湯之問棘也是已　郭注謂列子

謂｜湯問篇

# 人物

桓公能假其羣臣之謀以益其智也。其相曰夷吾。大夫曰寗戚、隰朋、賓胥無、鮑叔牙。用此五子者何功。言何功而不成 度義光德，繼法紹宗，以遺後嗣。貽孝昭穆。大霸天下。名聲廣裕，不可掩也。則唯有明君在上，察相在下也。

勉[illegible]

管子小匡

人物

## 公孟第四十八

公孟子謂子墨子曰

惠棟云公孟子即公明子孔子之徒宋翔鳳云孟子公明儀公明高曾子弟子公孟子與墨子問難皆儒家之言孟與明通公孟子即公明子其人非儀即高正與墨翟同時詒讓案潛夫論志氏姓篇衛公族有公孟氏左傳定十二年孔疏謂公孟縶之後以字為氏說苑脩文篇有公孟子高見顓孫子莫及曾子此公孟子疑即子高蓋七十子之弟子也

君子共己以待

蘇云共讀如恭詒讓案荀子王霸篇云則天子共己而已楊注云共讀為恭或讀為拱垂拱而已也案此共己當讀為拱己非儒篇云高拱下視是也

問焉則言不問焉則止譬若鍾然扣則鳴不扣則不鳴

非儒下篇述儒者之言曰君子若鍾擊之則鳴弗擊不鳴即此畢云說文云扣牽馬也敂擊也讀若扣此假音耳

子墨子曰是言有三物焉子乃今知其一

# 人物

不義子弗為是我予子宋也畢云予一本作與子務為義翟又將予子天下舊本予作與今據吳鈔本正與上文同

## 公輸第五十

淮南子道應訓云墨子為守攻公輸般服而不肎以兵知即本此篇

公輸盤畢云史記孟子荀卿傳集解後漢書張衡傳注文選陳孔璋為曹洪與魏文帝書注皆引作般廣韻引作班詒讓案世說文學篇劉注文選長笛賦七命郭景純遊仙詩司馬紹統贈山濤詩李注並引作般戰國策宋策呂氏春秋愛類篇葛洪神仙傳同呂覽高注云公輸魯般之號在楚為楚王設攻宋之具也

墨子校

# 人物

善之多無異於述也蘇云此言述作不可偏廢皆務為其善而已述主乎因故以古言作主乎剏故以今言述而又作則善益多矣畢注似未得本意桌蘇說是也巫馬子謂子墨子曰巫馬子見前蓋巫馬期之子姓史記孔子弟子傳巫馬施字子旗集解引鄭康成孔子弟子目錄云魯人故下云愛魯人於鄒人家語弟子解作陳人非也我與子異畢云子舊作之一本如此我不能兼愛我愛鄒人於越人愛魯人於鄒人愛我鄉人於魯人愛我家人於鄉人愛我親於我家人愛我身於吾親以為近我也擊我則疾擊彼則不疾於我疾猶痛也說文手部云擊支也疒部疾痛竝訓病也我何故疾者之不拂而不疾者之拂說文手部云拂過擊也畢云舊不疾二字倒一本如此故有我有殺彼以我無殺我以利蘇云二句當有脫誤以下文語意改之當言有殺彼以利我無殺我以利彼也有我二字疑衍俞云此當作故我有殺彼以利我無殺我以利彼子墨子曰子之義將匿邪意將以告人乎巫馬子曰我何故

耕柱（墨子）

# 人物

**孔某所行心術所至也其徒屬弟子皆效孔某**徒屬猶言黨友故後兼舉陽貨佛肸言之呂氏春秋有度篇云孔墨之弟子徒屬充滿天下**子貢季路輔孔悝亂乎衞**畢云舊脫亂字據孔叢云以亂衞增詒讓按莊子盜跖篇跖曰子路欲殺衞君而事不成身菹于衞東門之上是子教之不至也按子貢未聞與孔悝之難亦設語也鹽鐵論殊路篇云子路仕衞孔悝作亂不能救君出亡身菹于衞子貢子皋遁逃不能死其難然則時子貢或適在衞與**陽貨亂乎齊**畢云孔叢作魯詒讓按此當從孔叢作魯左傳定九年陽貨奔齊又奔晉無亂齊之事論語皇疏引古史考謂陽貨亦孔子弟子蓋即本此書而誤也**佛肸以中牟叛**論語陽貨篇云佛肸召子欲往子路曰佛肸以中牟叛子之往也如之何集解孔安國云晉大夫趙簡子之邑宰史記孔子世家佛肸為中牟宰趙簡子攻范中行伐中牟佛肸畔使人召孔子左傳哀五年夏趙鞅伐衞范氏之故也遂圍中牟即其時也肸蓋范中行之黨孔安國以為趙氏邑宰誤也**桼雕刑殘**桼正字經典多叚漆為之刑吳鈔本校改形畢云孔叢作漆雕開形殘詁曰非行己之致詒讓按孔子弟子列傳尚有漆雕哆漆雕徒父二人此所云或非開也韓非子顯學篇說孔子卒後儒分為八有漆雕氏之儒又云漆雕之議不色撓不目逃行曲則違于臧獲行直則怒于諸侯此亦非漆雕開明甚孔叢偽託不足据也俞正燮謂即漆雕馮孜漆雕馮見家語好生篇說苑權謀篇又作漆雕馮人二書無形殘之文俞說亦不足据刑形字通淮南子墜形訓西方有刑殘之尸宋本形亦作刑**莫大焉**畢云莫上當脫一字**夫為弟子後生**後生亦弟子也耕柱篇耕柱子遺十金于墨子曰後生不敢死又云後生有反子墨子而反者

墨子非儒下

# 人物

揚雄之揚當从木

說文句讀序黃門侍郎揚雄句注

# 人物

## 春秋時子西有三

滑釐學于墨子許犯學于禽滑釐此稱禽子則墨子門人小子之文矣傳說之徒傳說見尚賢中篇此與段干木禽子並舉似不類疑後人所增竄也是也其友皆好矜奮荀子正名篇云有兼聽之明而無奮矜之容又子道篇楊注云奮振矜也創作比周左文十八年傳云頑嚚不友是與比周杜注云比近也周密也則家日損身日危名日辱處官失其理矣則子西易牙豎刀之徒是也蘇云春秋時子西有三一為鄭公孫夏一為楚鬬宜申一為楚公子申茲所舉蓋鬬宜申也畢云經傳或作豎貂此作刀者貂省文舊作刁非玉篇云刁丁幺切亦姓俗作刁案論語憲問篇或問子西曰彼哉彼哉集解馬融云子西鄭大夫或曰楚令尹子西此子西或亦斥楚公子申蘇說未塙易牙豎刀並見公羊僖十八年傳左僖二年傳作寺人貂杜注云寺人奄官豎貂也貂刀字通

墨子所染

# 人物

郤偃即郭偃

沈尹

**於管仲鮑叔晉文梁於舅犯高偃**齊桓晉文下治要並有公字畢云未詳呂氏春秋高作郤疑當為郤晉有郤氏王云高當為𩫏𩫏即城郭之郭形與高相近因譌為高賈子過秦篇據億文之𩫏今本𩫏譌作高墨子多古字後人不識故傳寫多誤耳左傳晉大夫卜偃晉語作郭偃韋注曰郭偃晉大夫卜偃也商子更法篇韓子南面篇並與晉語同呂氏春秋作郤偃郤即郭之譌非郤氏之郤也太平御覽治道部一引呂氏春秋正作郭偃梁玉繩云高與郭聲之轉也俞云高亦可讀如郭詩緜篇毛傳曰王之郭門曰皋門郭偃之為高偃猶郭門之為皋門也

**楚莊梁於孫叔**左宣十一年傳楚令尹蔿艾獵城沂孔穎達疏引服虔云艾獵蔿賈之子孫叔敖也洪适隸釋漢孫叔敖碑云楚相孫君諱饒字叔敖不知何據

**沈尹**畢云呂氏春秋作沈尹蒸又贊能有沈尹莖楚莊王欲以為令尹沈尹莖辭曰期思之鄙人有孫叔敖者聖人也又尊師云楚莊師孫叔敖沈申巫高誘曰沈縣大夫新序作沈尹竺案申尹莖巫竺皆字之誤李惇云宣十二年左傳邲之戰孫叔敖令尹也而將中軍者為沈尹注云沈或作寢寢縣也韓詩外傳所載楚樊姬事與淮南子新序正同但淮南新序並曰虞邱子惟外傳則曰沈令尹乃知沈尹即虞邱子令尹者其官沈者其氏或食邑也案李說是也沈尹莖呂氏春秋察傳篇又作沈尹筮字形並相近未知孰為正也至余知古諸宮舊事作沈尹華以呂氏春秋去宥篇孜之亦楚威王臣蓋誤并為一也

**吳闓閭梁**

墨子所染

# 人物

匡亭

長兄石居

白圭

又 丑應言

孔子

孔子世系

○宋華父督見孔父之妻于路華父督宋戴公孫也孔父嘉孔子六世祖○華戶化反大夫氏也後皆同督音篤疏注華父至世祖○正義曰案世本云華父督宋戴公之孫好父說之子孔父嘉生木金父木金父生祁父其子奔魯爲防叔防叔生伯夏伯夏生叔梁紇叔梁紇生仲尼是孔父嘉爲孔子六世祖目逆而送之曰美而豔色美曰豔○豔以贍反美色也疏目逆至而豔○正義曰未至則目逆既過則目送俱是目也故以目冠之美者言其形貌美豔者言其顏色好故曰美而豔爲二事之辭色美曰豔詩毛傳文也

[illegible]之

# 人物

周最言词峰及上作题

安徽周末纪报之四十五 戊戌年

人物

昔者越王勾踐困於會稽之上乃用范蠡計然【集解】徐廣曰計然者范蠡之師也名研故諺曰研桑心算駰案范子曰計然者葵丘濮上人姓辛氏字文子其先晉國亡公子也嘗南遊於越范蠡師事之【索隱】韋昭云計然范蠡師也蔡謨云蠡所著書名計然蓋非也吳越春秋謂之計倪漢書古今人表計然列在第四則倪之與研是一人聲相近而相亂耳

史作倪

昔粵王句踐困於會稽之上迺用范蠡計然孟康曰姓計名然越臣也蔡謨曰計然者范蠡所著書篇名耳非人也謂之計然者所計而然也群書所稱句踐之賢佐種蠡為首豈聞復有姓計名然者乎若有此人越但用半策便以致霸是功重於范蠡蠡之師也焉有如此而越國不記其事書籍不見其名史遷不述其傳乎師古曰蔡說謬矣古今人表計然列在第四等豈是范蠡書篇乎計然一號計研故賓戲曰研桑心計於無垠即謂此耳計然者濮上人也博學無所不通尤善計算嘗南遊越范蠡卑身事之其書則有萬物錄著五方所出皆直述之事見皇覽及晉中經簿又吳越春秋及越絕書並作計倪此則倪研及然聲皆相近實一人耳何云書籍不見哉○宋祁曰注文故戲賓當作故答賓戲計然曰知鬭則修備時用則知物二者形則萬貨之情可得見矣師古曰形顯見故旱則資舟水則資車物之理也師古曰旱極則水水極則旱故

# 人物

前漢書卷七十二考證

有園公句綺里季夏句黃公句甪里先生句〇田汝成曰四皓名字當讀爲綺里季夏而後人誤讀爲夏黃公亦猶樂正裘牧仲之誤耳臣召南按杜甫詩曰黃綺終辭漢以黃綺並稱即知唐人讀本不誤又按甪里用字宋史儒林傳崔偓佺爲直講太宗顧謂曰李覺嘗奏朕云四皓中一先生姓或言用字加撇或云加點爾知否偓佺對曰臣聞刀用爲角音權兩點爲甪音鹿用上一撇一點俱不成字据偓佺此論則俗本作用字者亦非也宋祁曰甪不成字當作甪俗本又誤甪作角蓋緣不知崔偓佺之論

人物

邱縣北九十三里 二十年秦王政初立秦拔我晉陽二十一年孝成王卒廉頗將攻繁陽取之〔集解〕徐廣曰在頓邱〔正義〕括地志云繁陽故城在相州內黃縣東北二十七里應劭云繁水之北故曰繁陽也 使樂乘代之廉頗攻樂乘樂乘走廉頗亡入魏子偃立是為悼襄王悼襄王元年大備〔集解〕徐廣曰一作脩〔正義〕行大備之禮也 魏欲通平邑中牟之道不成〔正義〕平邑在魏州昌樂縣東北三十里相州湯陰縣西五十八里有中牟山按中牟山之側時二邑皆屬魏欲渡黃河作道相通遂不成也 二年李牧將攻燕拔武遂方城〔集解〕徐廣曰武遂屬安平〔正義〕括地志云易州遂城戰國時武遂城也方城故在幽州固安縣南十七里時二邑屬燕趙使李牧拔之也 秦召春平君因而留之泄鈞〔正義〕人姓名 為之謂文信侯曰春平君者趙王甚愛之而郎中妬之故相與謀曰春平君入秦秦必留之故相與計而內之秦也今君留之是絕趙而郎中之計中也君不如遣春平君而留平都〔正義〕括地志云平都縣在新興郡與陽曲縣相近 春平君者言行信於王王必厚割趙而贖平都文信侯曰善因遣之〔集解〕徐廣曰年表云太子從質秦歸〔正義〕按太子即春平君也 城韓皋三年龐煖將攻燕禽其將劇辛四年龐煖將趙楚魏燕之銳師攻秦蕞〔集解〕徐廣曰在新豐 不拔移攻齊取饒安〔集解〕徐廣曰在渤海又云饒屬北海安屬平原〔正義〕饒安滄州縣也七國時屬齊戰國時屬趙 五年傅抵〔正義〕上音付下音聊趙將姓名 將居平邑慶舍將東陽〔正義〕屬貝州在河北岸 河外師守河梁〔正義〕河外河南岸州地也河梁橋也 六年封長安君以饒〔正義〕即饒陽也瀛州饒陽縣東

趙世家

于彭衙【集解】杜預曰馮翊郃陽縣西北有衙城【正義】括地志云彭衙故城在同州白水縣東北六十里秦不利引兵歸戎王使由余【正義】戎人姓名於秦由余其先晉人也亡入戎能晉言聞繆公賢故使由余觀秦秦繆公示以宮室積聚由余曰使鬼爲之則勞神矣使人爲之亦苦民矣繆公怪之問曰中國以詩書禮樂法度爲政然尚時亂今戎夷無此何以爲治不亦難乎由余笑曰此乃中國所以亂也夫自上聖黄帝作爲禮樂法度身以先之僅以小治及其後世日以驕淫阻法度之威以責督於下下罷極【正義】罷音皮則以仁義怨望於上上下交爭怨而相篡弒至於滅宗皆以此類也夫戎夷不然上含淳德以遇其下下懷忠信以事其上一國之政猶一身之治不知所以治此眞聖人之治也於是繆公退而問內史廖曰【集解】駰案漢書百官表曰內史周官也孤聞鄰國有聖人敵國之憂也今由余賢寡人之害將奈之何內史廖曰戎王處辟匿未聞中國之聲君試遺其女樂以奪其志【集解】徐廣曰奪一作狗爲由余請以疏其間留而莫遣以失其期戎王怪之必疑由余君臣有間乃可虜也且戎王好樂必怠於政繆公曰善因與由余曲席而坐【正義】按牀在繆公左右相連而坐謂之曲席也傳器而食問其地形與其兵勢盡詧而後令內史廖以女樂二

八遺戎王戎王受而說之終年不還於是秦乃歸由余由余數諫不聽繆公又數使人間要由余由余遂去降秦

人物

伍子胥列傳

傷闔廬指【正義】姑蘇當作檇李乃文誤也左傳戰檇李傷將指卒於陘是也解在吳世家軍卻闔廬病創【集解】駰案楚良反將死謂太子夫差曰爾忘勾踐殺爾父乎夫差對曰不敢忘是夕闔廬死夫差既立爲王以伯嚭爲太宰習戰射二年後伐越敗越於夫湫【集解】駰案音椒【索隱】又如字【正義】太湖中湫山也解在吳世家越王勾踐乃以餘兵五千人棲於會稽之上【正義】土地名在越州會稽縣東南十二里使大夫種厚幣遺吳太宰嚭以請和【索隱】劉氏云大夫姓種名

其中此外嚭之功于吳[illegible]人而[illegible]人嚭亦

共一處[illegible] 嚭事[illegible]吳世家[illegible]

誠未必信其所稱亦[illegible]人[illegible]說也

范蠡[illegible]林人見越世家[illegible]

# 人物

然誠得賢士以共國以雪先王之恥孤之願也先生視可者得身事之郭隗曰王必欲致士先從隗始况賢於隗者豈遠千里哉於是昭王爲隗改築宮而師事之樂毅自魏往鄒衍自齊往劇辛自趙往士爭趨燕燕王弔死問孤與百姓同甘苦二十八年燕國殷富士卒樂軼輕戰於是遂以樂毅爲上將軍與秦楚三晉合謀以伐齊齊兵敗湣王出亡於外燕兵

三十七城秦置太原郡九年秦王政初卽位十年趙使廉頗將攻繁陽（集解）徐廣曰屬魏郡拔之趙孝成王卒悼襄王立使樂乘代廉頗廉頗不聽攻樂乘樂乘走廉頗奔大梁十二年趙使李牧攻燕拔武遂（集解）徐廣曰屬河間方城（集解）徐廣曰屬涿有督亢亭劇辛故居趙與龐煖善（索隱）煖音況遠反已而亡走燕燕見趙數困于秦而廉頗去令龐煖將也欲因趙弊攻之問劇辛辛曰龐煖易與耳燕使劇辛將擊趙趙使龐煖擊之取燕軍二萬殺劇辛秦拔魏二十城置東郡十九年秦拔趙之鄴（正義）卽相州鄴縣也九城趙悼襄

年此云十三年與趙世家合於秦本紀及年表差一年　殺劇辛○臣照按六國年表劇辛死於趙在十三年又按昭王卽位劇辛自趙往至此經七十年歷五王當有兩劇辛耶否則皆傳訛也

「伊涉伊尹子」

書咸乂序偽傳 疏「伊陟伊尹子」相傳百世

阿衡

書傳太甲上惟嗣王不惠於阿衡

「孫武書及呂氏春秋皆云伊尹名摯」

書傳說命惟尹躬克左右厥辟

保衡

君奭先在保衡

# 人物

以劉

儒林列之八萬石列傳以蘇列東方交本紀

之之列后石之刑之稱之數知首意齊解附來

諸將列各文之爲無獨之人經之書附之意

# 人物

微子 箕子 比干

**微子** 微圻內國名子爵為紂卿士去无道 **疏** 傳微圻至無道。正義曰微國在圻內先儒相傳為然鄭玄以為微與箕俱在圻內孔雖不言箕亦當在圻內也王肅云微國名子爵入為王卿士肅意蓋以微為圻外故言入也微子名啓世家作開避漢景帝諱也啓與其弟仲衍皆是紂之同母庶兄史記稱微仲衍衍亦稱微者微子封微以微為氏故弟亦稱微猶如春秋之世虞公之弟稱虞叔祭公之弟稱祭叔微子若非大臣則無假憂紂亦不必須去以此知其為卿士也傳云去無道者以去見其為卿士也

**微子若曰父師少師** 父師太師三公箕子也少師孤卿比干微子以紂距諫知其必亡順其事而言。傳父師至而言。正義曰以畢命之篇王呼畢公為父師畢公時為太師也周官云太師太傅太保茲惟三公少師少傅少保曰三孤家語云比干官則少師少師是比干知太師是箕子也徧檢書傳不見箕子之名惟司馬彪注莊子云箕子名胥餘不知出何書也周官以少師為孤此傳言孤卿者孤亦卿也考工記曰外有九室九卿朝焉是三孤六卿共為九卿也比干不言封爵或本無爵或有而不言也家語云比干是紂之親則諸父知比干是紂之諸父耳箕子則無文宋世家云箕子者紂親戚也止言親戚不知為父為兄也鄭玄王肅皆以箕子為紂之諸父服虔杜預以為紂之庶兄既無正文各以意言之耳微子以紂距諫知其必亡心欲去之故順其去事而言呼二師以告之

父師答王子 [illegible]

[illegible]

[illegible]

[illegible]

于帝乙欲立子帝乙不肯病子不得立則宜爲殷
後此與今[illegible]

正義曰刻者傷害之義蔽爲病也呂氏春秋仲冬紀云紂之母生微子啓與仲衍其時猶尚爲妾改而爲妻後生紂紂之父欲立微子啓爲太子太史據法而爭曰有妻之子不可立妾之子故立紂爲後於時箕子蓋謂請立啓而帝乙不聽今追恨其事我久知子賢言於帝乙欲立子爲太子而帝乙不肯我病子不得立則宜爲殷後

# 人物

紂之名

而偽孔傳序言受于字孔傳受紂也音相亂

釋之爲云[redacted]讀曰紂或曰當作人之言恨聲曰受

也

。傳受紂至無道。正義曰經云奔告于王王無謚號故序言受以明之此及泰誓武成皆呼此君爲受自外書傳皆呼爲紂受即紂也音相亂故字改易耳殷本紀云帝乙崩子辛立是爲帝辛天下謂之紂鄭玄云紂帝乙之少子名辛帝乙愛而欲立焉號曰受德時人傳聲轉作紂也史掌書知其本故曰受與孔大同謚法云殘義損善曰紂殷時未有謚法後人見其惡爲作惡義耳。傳戩亦勝也。正義曰戩勝釋詁文孫炎曰戩強之勝也

言此若在字依此乃所言紂字帝乙愛而爲之作善字而爲大惡蹤泰

誓三篇皆言受而此云受者則作本取受共命一人故於受字作字是紂之所

從受之与作其爲紂字而經或言受或言紂此字之爲字後受其人之受爲大惡作

字乃以爲善名非是爲人字者作知是帝乙愛而爲之作善字引其爲善者而爲大惡以

其乃爲其字以非紂人字作也

釋文受作紂字焉云受依乃作也

# 人物

## 祖伊

尚書戡黎序祖伊恐的傳祖己此賢臣已載
其年疑其[redacted]臣以同為祖氏殺王者欲明繼之（說見）
於殷賢臣

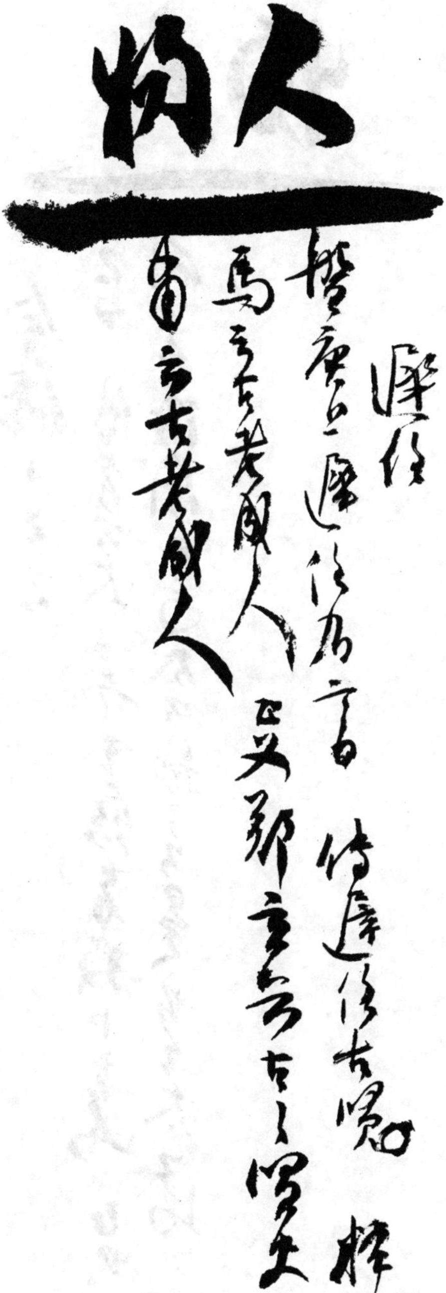
人物

# 人物

全錄一之三

三之四 傳名之太公年王霸有數曰虞夏 正文武

王尉之號周名之曰太公知之是名之太公望

# 人物

## 成王

王若曰明大命于妹邦周公以成王命誥康叔順其事而言之欲令明施大教命於妹國妹地名紂所都朝歌以北是。王若馬本作成王若曰注云言成王者未聞也俗儒以爲成王骨節始成故曰成王或曰以成王爲少成二聖之功生號曰成王沒因爲諡衞賈以爲戒成康叔以慎酒成就人之道也故曰成此三者吾無取焉吾以爲後錄書者加之未敢專從故曰未聞也妹邦馬云妹邦即牧養之地欲令力呈反下始令勿令同

# 人物

虢叔　閎夭　散宜生　泰顛　南宮括

公曰君奭在昔上
帝割申勸寧王之德其集大命于厥躬在昔上天割制其義重勸文王之德故能成其大命於其身謂勸德以受命。重直用反惟文王尚克
修和我有夏亦惟有若虢叔有若閎夭文王庶幾能修政化以和我所有諸夏亦惟賢臣之助為治有如此虢叔閎夭。虢國叔字文王弟。閎氏夭名。虢寡白反徐公伯反閎音
宏夭於表反徐於驕反有若散宜生有若泰顛有若南宮括散泰南宮皆氏宜生顛括皆名凡五臣佐文王為胥附奔走先後禦侮之任疏公曰君奭至厥躬。
正義曰公呼召公曰君奭在昔上天斷割其義重勸文王之德以文王有德勸勉使之成功故文王能成之命於其身言文王能順天之意勸德以受命。傳在昔至受命。正義曰文王去此未久但欲遠本天意故云在昔上天作久遠言之
割制謂切割絕斷之意故云割制其義重勸文王之德者文王既已有德上天佑助而重勸勉文王順天之意故其能成大命於其身王謂勸行德義以受天命。傳文王至天名。正義曰文王未定天下庶幾能修政化以和我所有諸夏謂
三分有二屬已之諸國也。僖五年左傳云虢仲虢叔王季之穆也是虢叔為文王之弟虢國名叔字凡言人之名氏皆上氏下名故閎散泰南宮皆是天宜生顛括皆名也。傳散泰至之任。正義曰詩緜之卒章稱文王有疏附先後奔奏禦
傳之臣毛傳云率下親上曰疏附相道前後曰先後喻德宣譽曰奔奏武臣折衝曰禦侮鄭箋云疏附使疏者親也奔奏使人歸趨之詩言文王有此四種之臣經歷言五臣之名故知五臣佐文王為此任也此四事者五臣共為此任非一臣
當一事也鄭云不及呂望者太師教文王以大德周公謙不可以自比又曰無能往來茲迪彝教文王蔑德降于國人有五賢臣猶曰其少無所能往來而五人
以此道法教文王以精微之德下政令於國人言雖聖人亦須良佐亦惟純佑秉德迪知天威乃惟時昭文王文王亦如殷家惟天所大佑文王亦秉德蹈知天威乃惟
是五人明文王之德迪見冒聞于上帝惟時受有殷命哉言能明文王德蹈行顯見覆冒下民彰聞上天惟是故受有殷之王命。見賢遍反注同冒莫報反下同馬作勗勉也聞
音問或如字疏又曰至命哉。正義曰文王既有賢臣五人又復言曰我之賢臣猶少無所能往來五人以此道法教文王以微蔑精妙之德下政令於國人德政既善為天所佑文王亦如殷家惟為天所大佑文王亦秉德蹈知天
威文王德如此者乃惟是五人明文王之德使然也五人能明文王德使蹈行顯見覆冒下民聞於上天惟是之故得受有殷王之命哉言文王之聖猶須良佐我所以留輔成王。傳有五至良佑。正義曰無能往來一句周公假為文王之

辭言文王有五賢臣猶恨其少又復言曰我臣既少於事無能往來謂去盡理事未能周悉言其好賢之深不知厭足也迪道彝法也蔑小也小謂精微也而五人以此道法教文王以精微之德用此精微之德下教令於國人言雖聖人亦須良佐以見成王須輔佐之甚也鄭玄亦云蔑小也

**武王惟茲四人尚迪有祿**文王沒武王立惟此四人庶幾輔相武王蹈有天祿虢叔先死故曰四人。相息亮反**後暨武王誕將天威咸劉厥敵**言此四人後與武王皆殺其敵謂誅紂**武王惟茲四人昭武王惟冒丕單稱德**惟此四人明武王之德使布冒天下大盡舉行其德

【疏】武王至稱德。正義曰文王既沒武王次立武功初立惟此四人庶幾輔相武王蹈有天下之祿其後四人與武王大行天之威罰皆與共殺其強敵謂其誅紂也武王之有天下惟此四人明武王之德惟武王布德覆冒天下此四人大盡舉行武王之德言武王亦得良臣之力。傳文王至四人。正義曰文王受命九年而崩十三年方得殺紂文王沒武王立謂武王初立之時惟此四人而已庶幾輔相武王蹈有天祿初立則有此志故下句言後與武王殺紂也虢叔先死故曰四人以是文王之弟其年應長故言先死也鄭玄疑不知誰死注云至武王時虢叔等有死者餘四人也。傳惟此至其德。正義曰單盡稱舉也使武王之德布冒天下是此四人之力言此四人大盡舉行武王之德也

# 人物

伊尹　保衡　伊陟　臣扈　巫咸　巫賢　甘盤

公曰君奭我聞在
昔成湯既受命已放桀受命爲天子時則有若伊尹格于皇天尹摯佐湯功至大天謂致太平。摯音至在太甲時則有若保
衡太甲繼湯時則有如此伊尹爲保衡言天下所取安所取平在太戊太甲之孫時則有若伊陟臣扈格于上帝巫咸乂王家伊陟臣扈率伊
尹之職使其君不隕祖業故至天之功不隕巫咸治王家言不及二臣。隕于敏反在祖乙時則有若巫賢祖乙殷家亦祖其功時賢臣有如此巫賢賢咸子巫氏在武丁時
則有若甘盤高宗卽位甘盤佐之後有傅說。說音悅疏公曰君奭至甘盤。正義曰言時有若者言當其時有如此人也指謂如此伊尹甘盤非謂別有如此人也以湯是殷之始王故言在昔既受命見其爲
天子也以下在太甲在武丁亦言其爲天子之時有如此臣也成湯未爲天子已得伊尹言既受命者以功格皇天在受
命之後故言既受命也皇天之與上帝俱是天也變其文爾其功至於天帝謂致太平而天下和之也保衡伊尹一人也
異時而別號伊尹之下已言格于皇天保衡之下不言格于皇天從可知也伊陟臣扈言格于上帝則其時亦致太平故
與伊尹文異而事同巫咸巫賢甘盤蓋功劣於彼三人故無格天之言。傳尹摯至太平。正義曰伊尹名摯諸子傳記
名有其文功至大天猶堯格于上下知其謂致太平也。傳太甲至取平。正義曰據太甲之篇及諸子傳記太甲大臣
惟有伊尹知卽保衡也說命云昔先正保衡作我先王佑我烈祖格于皇天商頌那祀成湯稱爲烈祖烈祖湯之號言佐
衡佐湯明保衡卽是伊尹也詩稱實維阿衡實左右商王鄭玄云阿倚衡平也伊尹湯所依倚而取平至太甲改曰保衡
保安也言天下所取安所取平此皆三公之官當時爲之號也孔以太甲云嗣王不惠於阿衡則太甲亦曰阿衡與鄭異
也。傳太甲之孫。正義曰史記殷本紀云太甲崩子沃丁立崩弟太庚立崩子小甲立崩弟雍己立崩弟太戊立是太
戊爲太甲之孫太庚之子三代表云小甲太庚弟雍己太戊又是小甲弟則太戊亦是沃丁弟太甲子本紀世表俱出馬
遷必有一誤孔於咸乂序傳云太戊沃丁弟之子是太戊爲太甲之孫也。傳伊陟至二臣。正義曰伊尹格于皇天此
伊陟臣扈云格于上帝其事既同如此二臣能率循伊尹之職輔佐其君使其君不隕祖業故至天之功亦不隕墜也夏
社序云湯既勝夏欲遷其社不可作夏社疑至臣扈則湯初有臣扈已爲大臣矣不得至今仍在與伊尹之子同時立功
蓋二人名同或兩字一誤也案春秋范武子光輔五君或臣扈事湯而又事太戊也格于上帝之下乃言巫咸乂王家則

巫咸亦是賢臣具能紹治王家之事而已其功不得至天言不及彼二臣。○傳祖乙至巫氏。○正義曰殷本紀云中宗崩
子仲丁立崩弟外壬立崩弟河亶甲立崩子祖乙立則祖乙是太戊之孫也孔以其人稱祖故云殷家亦祖其功賢是咸
子相傳立然父子俱稱爲巫知巫爲氏也。○傳高宗至傳說。○正義曰孔命篇高宗云台小子舊學于甘盤既乃遯於荒
野高宗未立之前已有甘盤免喪不言乃求傳說明其卽位之初有甘盤佐之甘盤卒後有傳說計傳說當有大功此惟
數六人不言傳說者周公意所不言未知其故

**率惟兹有陳保乂有殷故殷禮陟配天多歷年所**言伊尹至甘盤六臣佐其君循惟此道有陳列之功以安治有殷故殷禮能升配天享國久長多歷年所

**天惟純佑命則商實百姓**殷禮配天惟天大佑助其王命使商家百姓豐實皆知禮節

疏率惟至百姓。○正義曰此伊尹甘盤
六臣等輔佐其君率循此爲臣之道有陳烈之功以安治有殷故殷有安上治民之禮升配上天享國多歷年之久所天
惟大佑助其爲王之命則使商家富實百姓爲令使商之百姓家給人足皆知禮節也。○傳言伊至年所。○正義曰率謂
循也說賢臣佐君云循惟此道當謂循此爲臣之道盡忠竭力以輔其君故有陳烈於世以安治有殷使殷王得安治民
故殷得此安上治民之禮能升配上天天在人上故謂之升爲天之子是配也享國久長多歷年所。○傳殷禮至禮節。○
正義曰殷能以禮配天故天降福天惟大佑助其王命風雨以時年穀豐稔使商家百姓豐實家給人足管子曰衣食足知榮辱倉廩實知禮節

**王人罔不秉德明恤小臣屏侯甸**自湯至武丁其王人無不持德立業明憂其小臣使得其人以蕃屏侯甸之服小臣且憂得人則大臣可知。○屏實領反

**矧咸奔走惟兹惟德稱用乂厥辟**王猶秉德憂臣況臣下得不皆奔走惟王此事惟有德者舉用治其君事。○辟必亦反

**故一人有事于四方若卜筮罔不是孚**一人天子也君臣務德故有事於四方而天下化服如卜筮無不是而信之

疏王人至是孚。○正義曰王人謂與人爲王言此上所說成湯太甲太戊祖乙武丁皆王人也無不持德立業明憂小臣雖則小臣亦憂使得其賢人以蕃屏侯甸之服王恐臣之不賢尚以爲憂況在臣下得不皆勤勞
奔走惟憂王此求賢之事惟求有德者舉之用法其君之事乎君臣共求其有德所在職事皆治天子一人有事於四方
天下咸化而服如有卜筮之驗無不是而信之賢臣助君致使大治我留不去亦當如此也。○傳自湯至可知。○正義曰
王肅云王人猶君人也無不持德立業謂持人君之德立王者之事業人君之德在官賢人官得其人則事業立故傳以
立業配持德明憂小臣之不賢憂欲使得其人以爲蕃屏侯甸之服也小臣且憂得人則大臣憂之可知侯甸尚思得其
人朝廷思之必矣王肅云小臣臣之微者舉小以明大也。○傳王猶至君事。○正義曰君之所重莫重於求賢官之所急
莫急於得人故此章所陳惟言君憂得人臣能舉賢以王之尊猶尚秉德憂臣況其臣下得不皆奔走惟王此求賢之事



惟有德者必舉之置於官位用治其君事也。○傳一人至信之。○正義曰禮天子自稱曰予一人故爲天子也君臣務求
有德衆官得其人從上至下遞相師法職無大小莫不治理故天子有事於四方發號出令而天下化服譬如卜筮無不
是而信之事既有驗
言如是則人皆信之

# 魏書盧玄傳說即毋暨邪篇考

# 人物

## 召公奭

正義曰周公呼爲君奭是周公尊之曰君也奭是其名君非名也僖二十四年左傳富辰言文王之子一十六國無名奭者則召公必非文王之子燕世家云召公奭與周同姓姬氏譙周曰周之支族譙周考校古史不能知其所出皇甫謐云原公名豐是其一也是爲文王之子一十六國然文王之子本無定數并原豐爲一當召公於中以爲十六謬矣此篇多言先世有大臣輔政是陳古道以告之呼君奭以告之故以君奭名篇

# 人物

君陳

書序周公既沒命君陳分正東郊成周作君陳
陳。孔傳臣名也周公遷殷頑民蓋釋文鄭注禮記云
周公之子 正義又孔直云臣名則非周公子也鄭
文選中審注云君陳蓋周公子伯禽弟傳云寧周云
既沒命君陳陳猶勇發 殺既沒命東郊仲保也凡
書無什二字矣

# 人物

## 重黎羲和祝融

堯時乃命羲和即重黎之後羲氏和氏世掌
天地四時之官……

之○正義曰楚語云少昊氏之衰九黎亂德人神雜擾不可方物顓頊受之乃命南正重司天以屬神火正黎司地以屬
民使復舊常無相侵瀆其後三苗復九黎之惡堯復育重黎之後不忘舊者使復典之以至于夏商據此文則自堯及商
無他姓也堯育重黎之後是此羲和可知是羲和爲重黎之後世掌天地之官文所出也呂刑先重後黎此文先羲後和
揚子法言云羲近重和近黎是羲承重而和承黎矣呂刑稱乃命重黎與此命羲和爲一事也故呂刑傳云重即羲也黎
即和也羲和雖別爲氏族而出自重黎故呂刑以重黎言之鄭語云爲高辛氏火正則高辛亦命重黎故鄭玄於此注云
高辛氏世命重爲南正司天黎爲火正司地據世掌之文用楚語爲說也楚世家云重黎爲帝嚳火正能光融天下帝嚳
命曰祝融共工氏作亂帝嚳使重黎誅之而不盡帝乃以庚寅日誅重黎而以其弟吳回爲重黎復居火正爲祝融案昭
二十九年左傳稱少昊氏有子曰重顓頊氏有子曰黎則重黎二人各出一帝而史記并以重黎爲楚國之祖吳回爲重
黎以重黎爲官號此乃史記之謬故束晳譏馬遷并兩人以爲一謂此是也左傳稱重爲句芒黎爲祝融不言何帝使爲
此官但黎是顓頊之子其爲祝融必在顓頊之世重雖少昊之冑而與黎同命明使重爲句芒亦是顓頊時也祝融火官
可得稱爲火正句芒木官不應號爲南正且木不主天火不主地而外傳稱顓頊命南正司天火正司地者蓋使木官兼
掌天火官兼掌地南爲陽位故掌天謂之南正黎稱本官故掌地猶爲火正鄭答趙商云先師以來皆云火掌爲地當云
黎爲北正孔無明說未必然也昭十七年左傳郯子稱少昊氏以鳥名官自顓頊已來乃命以民事句芒祝融皆以人事
名官明此當顓頊之時也傳言少昊氏有四叔當爲後代子孫非親子也何則傳稱共工氏有子曰句龍共工氏在顓頊
之前多歷年代豈復共工氏親子至顓頊時乎明知少昊四叔亦非親子高辛所命重黎或是重黎子孫未必一人能歷
二代又高辛前命後誅當是異人何有罪而誅不容列在祀典明是重黎之後世以重黎爲號所誅重黎是有功重黎之
子孫也呂刑說羲和之事猶尙謂之重黎況彼尙近重黎何故不得稱之以此知異世重黎號同人別顓頊命重司天黎
司地羲氏掌天和氏掌地其實重黎羲和通掌之也此云乃命羲和欽若昊天是羲和二氏共掌天地之事以乾坤相配
天地相成運立施化者天資生成物者地天之功成其見在地故下言日中星鳥之類是天事也平秩東作之類是地事
也各分掌其時非別職矣案楚語云重司天以屬神黎司地以屬人天地既別人神又殊而云通掌之者外傳之文說呂

刑之義以爲少昊之衰天地相通人神雜擾顓頊乃命重黎分而異之以解絕地天通之言故云各有所掌天地相通人
神雜擾見其能讋絕天地變異人神耳非卽別掌之下文別序所掌則羲主春夏和主秋冬俱掌天時明其共職彼又言
至于夏商世掌天地胤征云羲和湎淫廢時亂日不知日食羲和同罪明其世掌天地共職可知顓頊命掌天地惟重黎
二人堯命羲和則仲叔四人者以羲和二氏賢者既多且後代稍文故分掌其職事四人各職一時兼職方岳以有四岳
故用四人顓頊之命重黎惟司天地主岳以否不可得知設令亦主方岳蓋重黎二人分主東西也馬融鄭玄皆以此命
羲和者命爲天地之官下云分命申命爲四時之職天地之與四時於周則冢宰司徒之屬六卿是也孔言此舉其目下
別序之則惟命四人無六官也下傳云四岳卽羲和四子舜典傳稱禹益六人新命有職與四岳十二牧凡爲二十二人
然新命之六人禹命爲百揆契作司徒伯夷爲秩宗皐陶爲士垂作共工亦禹契之輩卽是卿官卿官之外別有四岳四
岳非卿官也孔意以羲和非是卿官別掌天地但天地行於四時四時位在四方平秩四時之人因主方岳之事猶自別
有卿官分掌諸職左傳稱少昊氏以鳥名官五鳩氏卽周世之卿官也五鳩之外別有鳳鳥氏歷正也班在五鳩之上是
上代以來皆重歷數故知堯於卿官之外別命羲和掌天地也於時羲和似尊於諸卿後世以來稍益卑賤周禮太史掌
正歲年以序事卽古羲和之任也桓十七年左傳云日官居卿以底日猶尚尊其所掌周之卿官明是堯時重之故特言
乃命羲和：

# 人物

## 放齋

我將放齋居士正義以放齋學人對事始知居士為居士實不可得知待言而辯世是為居之名發了未免是居之名物

# 人物録

好得勉學何之名釋文勉之之馬云勉文也

三歲周語言勉學勉即勉是學矣何以下

云勉學者之之歲

# 人物

の岳与羲和

堯帝曰咨の岳　孔傳の岳即上羲和之四子分掌

の岳故稱焉

傳疇誰至用之。正義曰疇誰釋詁文庸聲近用故爲用也馬融以羲和爲卿官堯之末年皆以老死庶績多闕故求賢順四時之職欲用以代羲和孔於下傳云四岳卽上羲和之四子帝欲羲和求賢則所求者別代他官不代羲氏和氏孔以羲和掌天地之官正在敬順昊天告時授事而已其施政者乃是百官之事非復羲和之職但羲和告時授事流行百官使百官庶績咸熙今云咸熙庶績順是事者指謂求代百官之闕非求代羲和也……

計の岳所掌云也蓋是知羲之義同レ……

傳四岳至稱焉。正義曰上列羲和所掌云宅嵎夷朔方言四子居治四方主於外事岳者四方之大山今王朝大臣皆號稱四岳是與羲和所掌其事爲一以此知四岳卽上羲和之四子也又解謂之岳者以其分掌四岳之諸侯故稱焉舜典稱巡守至于岱宗肆覲東后周官說巡守之禮云諸侯各朝於方岳之下是四方諸侯分屬四岳也計堯在位六十餘年乃命羲和蓋應早矣若使成八見命至此近將百歲故馬鄭以爲羲和皆死孔以爲四岳卽是羲和至今仍得在者以羲和世掌天地自當父子相承不必仲叔之身皆悉在也書傳雖出自伏生其所聞諸先達虞傳雖說舜典之四岳尚有羲伯和伯是仲叔子孫世掌岳事也

# 共工

共工
孔傳共工官稱正義舜典帝命垂作共工知共工是
官稱鄭以爲其人名字未聞先祖居此官故以官氏
此時論人對帝不應舉先世之居此者直云其孫
別其人於時居此官也

# 人物

驩兜

以得驩兜所名 及義驩兜之字人對之節故

知所名

# 人物

瞍

孔傳舜父有目不能分別好惡故時人謂之瞽配字曰

皆以實有目無目

德行美其能養惡人父自名瞍何須言之若實無目
詩云未見顏色而言謂之瞽則言瞽者非謂無目
自能然不得謂之無目明以不識善惡故稱瞽耳

史記云舜父瞽瞍盲以爲瞽瞍是名身實無目也孔不然者以經說舜
目即是身有固疾非善惡之事輒言舜是盲人之子意欲何所見乎論
史記又說瞽瞍使舜上廩從下縱火焚廩使舜穿井下土實井若其身

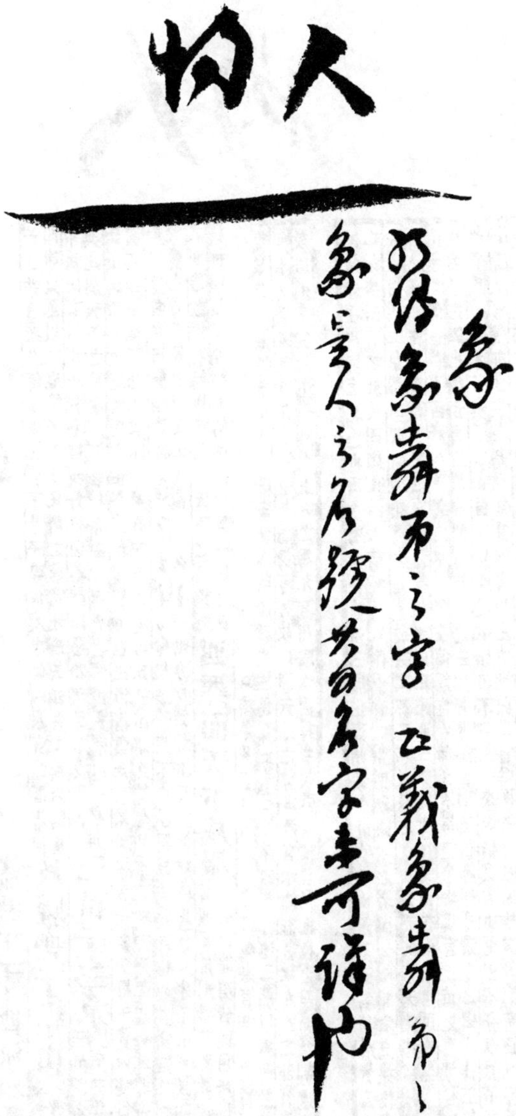
人物

# 人物

## 四凶

**流共工于幽洲**象恭滔天足以惑世故流放之幽洲北裔水中可居者曰州。共音恭左傳少皞氏有不才子毁信廢忠崇飾惡言靖譖庸回服讒蒐慝以誣盛德天下之民謂之窮奇杜預云即共工竒以制反**放驩兜于崇山**黨於共工罪惡同崇山南裔。驩呼端反兜丁侯反左傳帝鴻氏有不才子掩義隱賊好行凶德醜類惡物頑嚚不友是與比周天下之民謂之渾敦杜預云即驩兜也帝鴻黃帝也**竄三苗于三危**三苗國名縉雲氏之後為諸侯號饕餮三危西裔。竄七亂反三苗馬王云國名也縉雲氏之後為諸侯蓋饕餮也左傳縉雲氏有不才子貪于飲食冒于貨賄侵欲崇侈不可盈厭聚斂積實不知紀極不念孤寡不恤窮匱天下之民以比三凶謂之饕餮杜預云縉雲黃帝時官名非帝子孫故以比三凶也貪財曰饕貪食曰餮縉音晉饕土刀反餮他節反**殛鯀于羽山**方命圮族績用不成殛竄放流皆誅也異其文述作之體羽山東裔在海中。殛紀力反鯀故本反左傳顓頊氏有不才子不可教訓不知話言告之則頑舍之則嚚傲很明德以亂天常天下之民謂之檮杌杜預云即鯀也檮杌凶頑無儔匹之貌**四罪而天下咸服**皆服舜用刑當其罪故作者先叙典刑而連引四罪明皆徵用所行於此揔見之。傳象恭至曰洲。正義曰堯典言共工之行云靜言庸違象恭滔天言貌象恭敬傲很漫天足以疑惑世人故流放也左傳說此事言投諸四裔釋地云燕曰幽州知北裔也水中可居者曰洲釋水文李巡曰四方有水中央高獨可居故曰洲天地之勢四邊有水鄒衍書說九州之外有瀛海環之是九州居水內故以州名共在一洲之上分之為九耳州取水內為名故引爾雅解州也投之四裔裔訓遠也當在九州之外而言於

幽州者在州境之北邊也禹貢羽山在徐州三危在雍州故知北裔在幽州下三者所居皆言山名此共工所處不近大山故舉州言之此流四凶在治水前於時未作十有二州則無幽州之名而云幽州者史據後定言之。傳黨於至南裔正義曰共工象恭滔天而驩兜薦之是黨於共工罪惡同故放之也左傳說此事云投諸四裔則四方各有一人幽州在北裔雍州三危在西裔徐州羽山在東裔三方既明知崇山在南裔也禹貢無崇山不知其處蓋在衡嶺之南也。傳三苗至西裔。正義曰昭元年左傳說自古諸侯不用王命者虞有三苗夏有觀扈知三苗是國名以三苗為名非三國也杜預言三苗地闕不知其處三凶皆是王臣則三苗亦應是諸夏之國入仕王朝者也文十八年左傳言縉雲氏有不才子貪于飲食冒于貨賄侵欲崇侈不可盈厭聚斂積實不知紀極不分孤寡不恤窮匱天下之民以比三凶謂之饕餮即此三苗是也知其然者以左傳說此事言舜臣堯流四凶族渾敦窮奇檮杌饕餮投諸四裔以禦螭魅謂此驩兜共工三苗與鯀也雖知彼言四凶此等四人但名不同莫知孰是惟當驗其行跡以別其人左傳說窮奇之行云靖譖庸回堯典言共工之行云靜言庸違其事既同知窮奇是共工也左傳說渾敦之行云醜類惡物是與比周堯典言驩兜薦舉共工與惡比周知渾敦是驩兜也左傳說檮杌之行言不可教訓不知話言傲很明德以亂天常堯典言鯀之行云咈哉方命圮族其事既同知檮杌是鯀也惟三苗之行堯典無文鄭玄其引左傳之文乃云命驩兜舉共工則驩兜

爲渾敦也共工爲窮奇也鯀爲檮杌也而三苗爲饕餮亦可知是先儒以書傳相考知三苗是饕餮也禹貢雍州言三危既宅三苗丕敘知三危是西裔也○傳方命至海中○正義曰方命圮族是其本性績用不成試而無功二者俱是其罪故蓋言之釋言云殛誅也傳稱流四凶族者皆是流而謂之殛竄放流皆誅者流者移其居處若水流然罪之正名故先言也放者使之自活竄者投棄之名殛者誅責之稱俱是流從異其文述作之體也四者之次蓋以罪重者先共工滔天爲罪之最大驩兜與之同惡故以次之祭法以鯀障洪水故列諸祀典功雖不就爲罪最輕故後言之禹貢徐州云蒙羽其藝是羽山爲東裔也漢書地理志羽山在東海郡祝其縣西南海水漸及故言在海中也○傳皆服至見之○正義曰此四罪者徵用之初即流之也舜以微賤超升上宰初來之時天下未服既行四罪故天下皆服舜用刑得當其罪也自象以典刑以下徵用而即行之於此居攝之後追論成功之狀故作者先敘典刑言舜重刑之事而連引四罪述其刑當之驗明此諸事皆是徵用之時所行於此揔見之也知此等諸事皆徵用所行者洪範云鯀則殛死禹乃嗣興僖三十三年左傳云舜之罪也殛鯀其舉也興禹襄二十一年左傳云鯀殛而禹興此三者皆言殛鯀而後用禹爲治水是徵用時事四罪在治水之前明是徵用所行也又下云禹讓稷契皋陶帝因追美三人之功所言稷播百穀契敷五教皋陶作士皆是徵用時事皋陶所行五刑有服五流有宅即是象以典刑流宥五刑此爲徵用時事足可明矣而鄭玄以爲禹治水事畢乃流四凶故王肅難鄭言若待禹治水功成而後以鯀爲無功殛之是爲舜用人子之功而流放其父則禹之勤勞適足使父致殛爲舜失五典克從之義禹陷三千莫大之罪進退無據亦甚迂哉

# 人物

## 共工

堯典帝曰僉咨垂汝共工 傳共謂供其職事
正義言此傳云共其事者 修以共為二字之句
故名上云疇若予工 若不名官 今命此人云
居共工 何是帝訪此人堪供此職 非是呼
此官名為共工也 大文我以共工為官名 帝
言二字謂供此職也

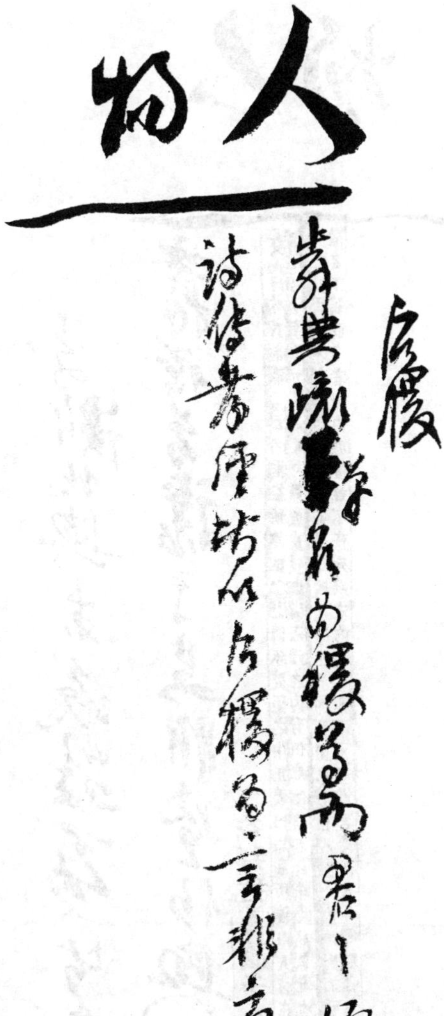

# 人物

殳斨伯與未必不在元凱之中 二

垂拜稽首讓于殳斨暨伯與

益拜稽首讓于朱虎熊羆帝曰俞往哉汝諧朱虎熊羆二臣名垂益所讓四人皆在元凱之中。羆彼皮反疏傳朱虎至之中正義曰知垂益所讓四人皆在元凱之中者以文十八年左傳八元之內有伯虎仲熊即此朱虎熊羆是也虎熊在元凱之內明殳斨伯與亦在其內但不知彼誰當之耳益是皐陶之子皐陶卽庭堅也益在八凱之內垂則不可知也傳不在伯夷夔龍之下爲此言者以伯夷姜姓不在元凱之內夔龍亦不可知惟言此四人耳傳雖言殳斨伯與亦難知也

# 人物

## 二十有二人

帝曰咨汝二十有二人禹垂益伯夷夔龍六人新命有職四岳十二牧凡二十二人特勑命之欽哉惟時亮天功各敬其職惟是乃能信立天下之功

疏帝曰咨至天功。正義曰帝旣命用衆官乃戒勑之曰咨嗟汝新命六人及四岳十二牧凡二十有二人汝各當敬其職事哉惟是汝等敬事則信實能立天下之功天下之功成玉在於汝可得不敬之哉。傳禹垂至命之正義曰傳以此文揔結上事據上文詢於四岳咨十有二牧及新命六官等適滿二十二人謂此也其稷契皋陶殳斨伯與朱虎熊羆七人仍舊故不須勑命之岳牧亦應是舊而勑命之者岳牧外內之官常所咨詢故亦勑之鄭玄云自咨十有二牧至帝曰龍皆月正元日格於文祖所勑命也案經格於文祖之後方始詢於四岳咨十二州牧未必一日之內即得行此諸事傳旣不説或歷日命授乃摠勑之未必即是元日之事也鄭以爲二十二人數殳斨伯與朱虎熊羆不數四岳彼四人者直被讓而已不言居官何故勑使敬之也岳牧俱是帝所咨詢何以勑牧不勑岳也必非經旨故孔説不然

# 人物

## 丹朱

無若丹朱傲。惟慢遊是好丹朱堯子舉以戒之。傲五報反字又作奡好呼報反傲。虐是作罔晝夜頟頟傲戲而爲虐無晝夜常頟頟肆惡無休息。傲五羔反徐五報反注同頟五客反罔水行舟朋淫于家用殄厥世朋羣也丹朱習於無水陸地行舟言無度羣淫於家妻妾亂用是絶其世不得嗣。殄徒見反

傳丹朱堯子。正義曰漢書律歷志云堯讓舜使子朱處於丹淵爲諸侯則朱是名丹是國也。傳傲戲至休息。正義曰詩美衛武公云善戲謔兮不爲虐兮丹朱反之故傲戲而爲虐也頟頟是不休息之意肆謂縱恣也晝夜常頟頟然縱恣爲惡無休息時也傳朋羣至得嗣。正義曰朋輩與羣聚義同故朋爲羣也聖人作車以行陸作舟以行水丹朱乃習於無水而陸地行舟言其所爲惡事無節度也此乃稟受惡性習惡事也鄭玄云丹朱見洪水時人乘舟今水已治猶居舟中頟頟使人推行之案下句云予創若時乃勤治水則丹朱行舟之時水尚未除非效洪水之時人乘舟也羣淫於家言羣聚妻妾恣意淫之無男女之別故言妻妾亂也用是之惡故絶其世位不得嗣父也此用殄厥世一句萬既見世絶今始言之以明行惡之驗此句非爲所創創之者創其行之惡耳。

[illegible]

# 人物

## 羿

傳有窮至廢之。正義曰襄四年左傳曰夏之方衰也后羿自鉏遷于窮石然則羿居窮石故日有窮國名窮是諸侯之國羿是其君之名也說文云羿帝嚳射官也賈逵云羿之先祖世爲先王射官故帝賜羿弓矢使司射淮南子云堯時十日並生堯使羿射九日而落之楚辭天問云羿焉彃日烏解羽歸藏易亦云羿彃十日說文云彃者射也此三者言雖不經。以取信要言帝嚳時有羿堯時亦有羿則羿是善射之號非復人之名字信如彼言則不知羿名爲何也夏都河北洛在河南距太康於河北不得入國遂廢太康耳羿猶立仲康不自立也

# 八物

岑海僧六の夏 拜

# 人物

巫彭……一神醫

海經十一、六頁、又十六、三頁

勉來寶鑑見十、四頁十一、一頁

# 人物

## 傳説

君奭歷舉商之保衡太甲之伊陟臣扈太戊之巫咸巫賢武丁之甘盤而不及傳説何也蓋首又亡之義求傳説而不及甘盤何也蓋殷本紀高宗三年不言政事皆決於冢宰是傳説未獲以前冢宰即甘盤爾君奭所舉皆老成之匡弼勸于義傳説一若古叙大説之壽未可知……尔蓋仿文

武丁初年則有傳説年甘盤晚年則有甘盤

年傳說畫二人異日非偶然舊學甘歷之

報也……

廿右哲叔 十一

居爽齋世學張

# 人物

## 皋陶

殷本紀：湯誥：古禹、皋陶久勞于外，……四瀆已脩，萬民乃有居。……史記秦〔本紀〕：秦之先女脩，子大業，大業生大費，與禹平水土。費佐舜調馴鳥獸，是爲柏翳。舜賜姓嬴氏。索隱謂大業即皋陶，大費也。

伯益即皋陶之子，又列女傳：陶子生五
歲而佐禹，書大傳注：陶子即皋陶子伯
益也……陳右五人者，足以人並無伯益
伯翳者，為二人之說……南刻叢說　右列傳十一
里即東皋陶，與禹皆左右，禹薦皋陶于天
[illegible]
伯益十五而佐禹[illegible]
[illegible]

彌謹於是堯乃試舜五典百官皆治昔高陽氏有才子八人世得其利謂之八愷【集解】賈逵曰愷和也【索隱】左傳季文子曰昔高陽氏有才子八人蒼舒
隤敳檮戭大臨尨降庭堅仲容叔達高辛氏有才子八人世謂之八元【集解】賈逵曰元善也【索隱】左傳高辛氏有才子八人伯奮仲堪叔獻季仲伯虎仲熊叔豹季貍此十六族者世濟其
美【索隱】謂元愷各有親族故稱族也濟成也言後代成前代也不隕其名至於堯堯未能舉舜舉八愷使主后土【集解】王肅曰君治九土之宜杜預曰后土地也【索隱】禹爲司空司空主土
則禹在八愷之中【正義】春秋正義云后君也天曰皇天地曰后土以揆百事莫不時序【正義】言禹度九土之宜無不以時得其次序也舉八元使布五教于四方【索隱】契爲司徒司徒敷五教則
契在八元之數也父義母慈兄友弟恭子孝內平外成【正義】杜預云內諸夏外夷狄也按契作五常之教諸夏太平夷狄向化也昔帝鴻氏有不才子【集解】賈逵曰帝鴻黃帝也不才
子其苗裔讙兜也掩義隱賊好行凶慝天下謂之渾沌【正義】慝惡也一本云天下之民謂之渾沌渾沌即讙兜也言掩義事陰爲賊害而好凶惡故謂之渾沌也杜預云渾沌不開通之貌神異經云崑崙
西有獸焉其狀如犬長毛四足似羆而無爪有目而不見行不開有兩耳而不聞有人知往有腹無五藏有腸直短食徑過人有德行而往抵角有凶惡而行依憑之名渾沌又莊子云南海之帝爲儵忽中央之帝爲渾沌儵忽時相遇於渾沌
之魁渾沌待之甚善儵與忽謀欲報渾沌之德曰人皆有七竅以視聽食息此獨無有嘗試鑿之日鑿一竅七日而渾沌死按言讙兜性似故號之也少皞氏【集解】服虔曰金天氏帝號有不才子毀信惡忠崇
飾惡言天下謂之窮奇【集解】服虔曰謂共工氏也其行窮而好奇【正義】謂共工言毀敗信行惡其忠直有惡言語高粉飾之辭謂之窮奇按常行終必窮極好譎諫奇異于人也神異經云西北有獸其狀似虎有翼能飛
便勦食人知人言語聞人鬭輒食直者聞人忠信輒食其鼻聞人惡逆不善輒殺獸往饋之名曰窮奇按言共工性似故號之顓頊氏有不才子不可教訓不知話言天下謂之檮杌【集解】
賈逵曰檮杌頑凶無疇匹之貌謂鯀也【正義】檮音道刀反杌音五骨反謂鯀也凶頑不可教訓不從詔令故謂之檮杌按言無疇匹言自縱恣也神異經云西方荒中有獸焉其狀如虎而大毛長二尺人面虎足豬口牙尾長一丈八尺攪亂荒
中名檮杌一名傲很一名難訓按言鯀性似故號之此三族世憂之至于堯堯未能去縉雲氏有不才子【集解】賈逵曰縉雲氏姜姓也炎帝之苗裔當黃帝時在縉雲之官也【正義】今括州縉
雲縣蓋其所封也書云縉赤繒也謂三苗也言貪飲食冒貨賄故謂之饕餮神異經云西南有人焉身多毛上頭戴豕性很惡好息積財而不用善奪人穀物彊者畏羣而擊單名饕餮言三苗性似故號之貪於飲食冒于貨
賄天下謂之饕餮天下惡之比之三凶【集解】杜預曰非帝子孫故別之以比三凶也舜賓於四門【正義】杜預云闢四門達四聰以賓衆賢也乃流四凶族遷于四裔
以御螭魅【集解】賈逵曰四裔之地去王城四千里服虔曰螭魅人面獸身四足好惑人山林異氣所生以爲人害【正義】御音魚呂反螭音丑知反魅音媚按魑魅恐更有邪諂之人故流放四凶以御之也故下云無凶人也於
是四門闢言毋凶人也

于四凶者何等罪惡之顯從之編史記者以爲未定者歟

弟衡

大戴記考補刻本已印成[illegible]付弟叔[illegible]於杉亭處[illegible]之

向共在城南于天下共二十本此後何處再向[illegible]

大[illegible]之處　坊本寄來與初印六本又本年[illegible]

杉亭

吉[illegible]先生[illegible]為[illegible]向[illegible]山[illegible]

[illegible]

[illegible]

# 人物

## 重黎

吕刑傳重即羲，黎即和。周禮說顓頊氏有子曰黎，為祝

融，祀以為竈神。左氏重為句芒，黎為祝融，祀以為社。少昊之　顓頊之　時，楚語顓

頊命南正重司天以屬神，命火正黎司地以屬民。鄭語曰

祝融氏名黎。此言黎為高辛氏黎氏之後代，目之為祝融。

木正。東羲帝擇表帝顓頊氏之子

之子謂之為緺氏。孝重黎而以重黎為一人，誤。

是顓頊之後。此氏曰少昊之後，以重該之後與重黎對

據重黎本作重黎之後，自是之外，孫重黎於楚所自出

尉繚之叛國，其吳之重

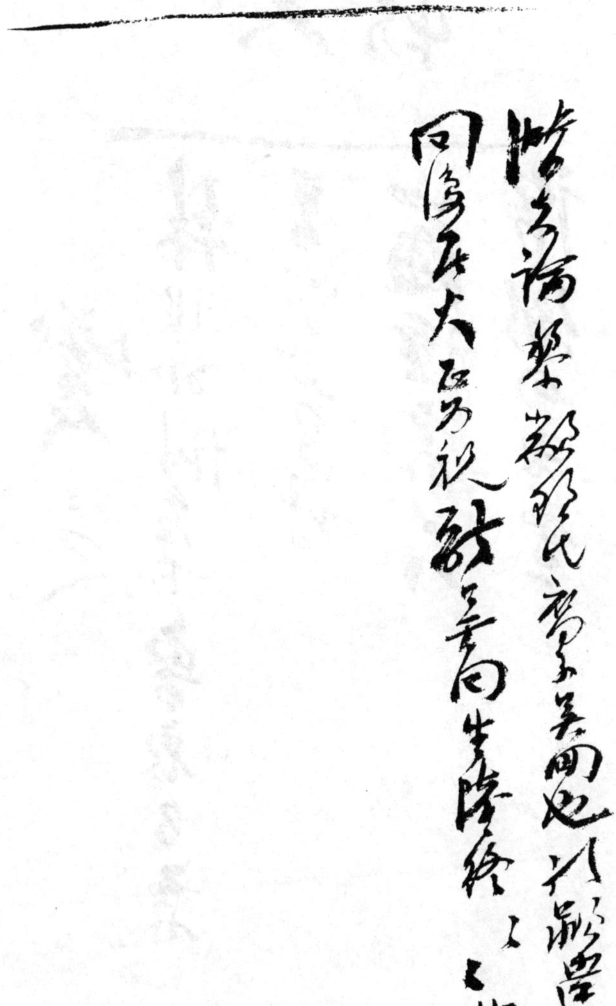

# 人物

嚳 一四八

韓非外儲左下 曹彪名条

吳光事跡

山海經十之六

許衡之書畫

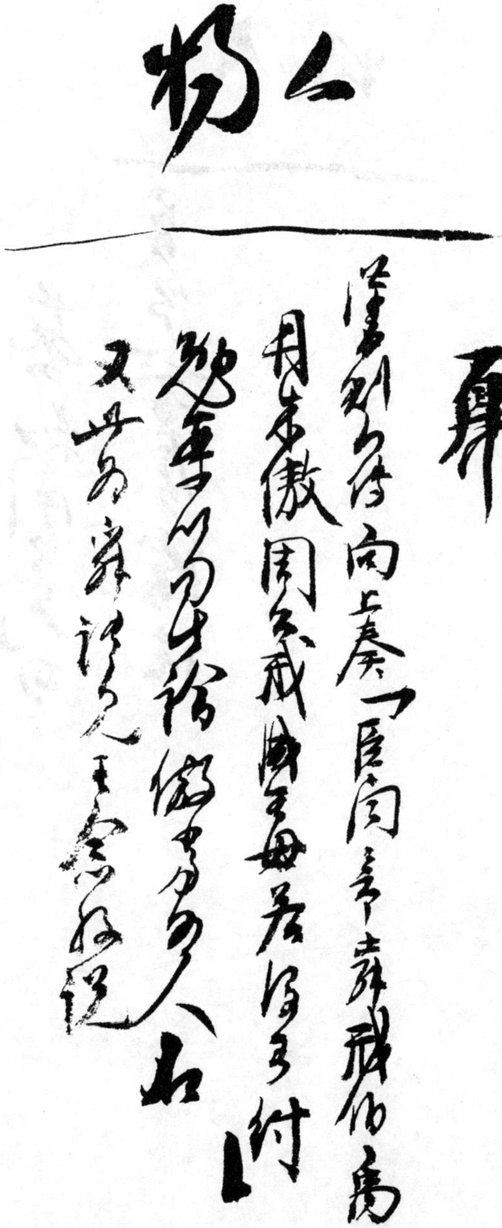

# 人物

蔡鶴卿先生の、

[illegible]

# 人物

須女為屈原之妹

見詩桑扈君子樂胥疏

人物

范蠡事異説

先秦諸子繫年考辨一〇一

人物

季次游俠傳即孔子弟子公晳哀

先秦諸子繫年考辨頁六一

# 人物

## 八虞

晉語胥臣言文王詢于八虞　注賈唐曰八虞周八士皆在虞官伯達伯括仲突仲忽叔夜叔夏季隨季騧

# 人物

老彭

大戴虞戴德昔商老彭及仲傀

勉

# 史事

入王庚丙伯樂

陔餘叢考卷四

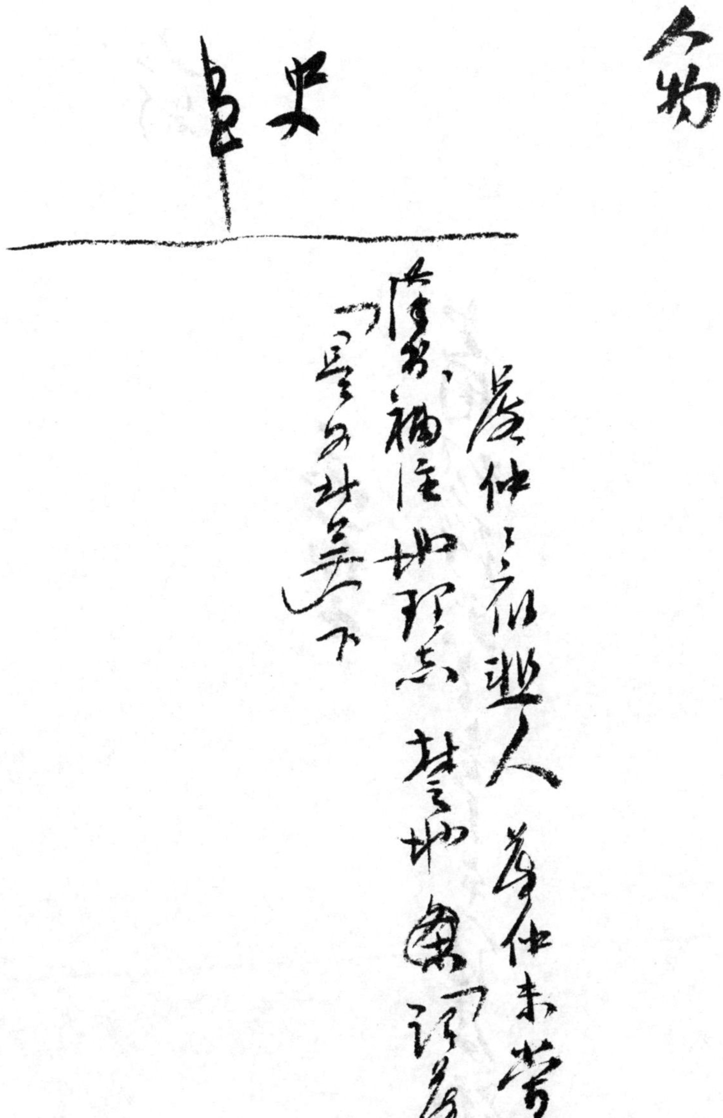
人物

人物

王要仲子

上用鄒縣天下壽手付及流

# （名人）事实录

微子去之箕子爲之奴比干諫而死馬曰微箕二國名子爵也微子紂之庶兄箕子比干紂之諸父微子見紂無道早去之箕子佯狂爲奴比干以諫見殺孔子曰殷有三仁焉仁者愛人三人行異而同稱仁以其俱在憂亂寧民疏微子至仁焉。正義曰此章論殷有三仁志同行異也微子去之箕子爲之奴比干諫而死者微子紂之庶兄箕子比干紂之諸父見紂無道微子去之



箕子佯狂爲奴比干以諫見殺孔子曰殷有三仁焉者愛人謂之仁三人所行異而同稱仁以其俱在憂亂寧民也。注馬曰至見殺。正義曰云微箕二國名子爵也者孔安國云微圻內國名子爵爲紂卿士去無道鄭玄以爲微與箕俱在圻內孔雖不言箕亦當在圻內王肅云微國名子爵入爲王卿士肅意蓋以微爲圻外故言入也微子名啓世家作開辟漢景帝名也微子紂之庶兄箕子比干紂之諸父者啓與其弟仲衍皆紂之同母庶兄也呂氏春秋仲冬紀云紂之母生微子啓與仲衍其時尤尚爲妾改而爲妻後生紂紂之父欲立微子啓爲太子太史據法而爭曰有妻之子不可立妾之子故立紂爲後徧檢書傳不見箕子之名惟司馬彪注莊子云箕子名胥餘不知出何書也家語曰比干是紂之親則諸父知比干是紂之諸父耳箕子則無文宋世家云箕子者紂之親戚也言親戚不知爲父爲兄也鄭玄王肅皆以箕子爲紂之諸父服虔杜預以爲紂之庶兄既無正文各以意言之耳云微子見紂無道早去之箕子佯狂爲奴比干以諫見殺者尚書微子篇備有去殷之事本紀云西伯既卒周武王之東伐至盟津諸侯叛殷會周者八百諸侯皆曰紂可伐矣武王曰爾未知天命乃復歸紂愈淫亂不止微子數諫不聽乃與太師謀遂去比干曰爲人臣者不得不以死爭迺強諫紂紂怒曰吾聞聖人心有七竅剖比干觀其心箕子懼乃佯狂爲奴紂又囚之是

大綱一　太公

史事

子三省大雅矜矜正義曰論語云曾子曰吾日三省吾身爲人謀而不忠乎與朋友交而不信乎傳不習乎是曾子三省之事也大雅矜矜此蓋荀卿之言然孟子曰伯夷辟紂居北海之濱聞文王作興曰盍歸乎來吾聞西伯善養老者伯夷讓國遭紂之世辟之隱遁北海之濱聞文王起興王道盍歸乎來歸周也太公辟紂居東海之濱聞文王作興曰盍歸乎來吾聞西伯善養老者太公呂望也亦辟紂世隱居東海曰聞西伯養老二人皆老矣往歸文王也二老者天下之大老也而歸之是天下之父歸之也天下之父歸之其子焉往此二老猶天下之父也其餘皆天下之子耳子當隨父二父往

十三經注疏　孟子七下　離婁上　三二

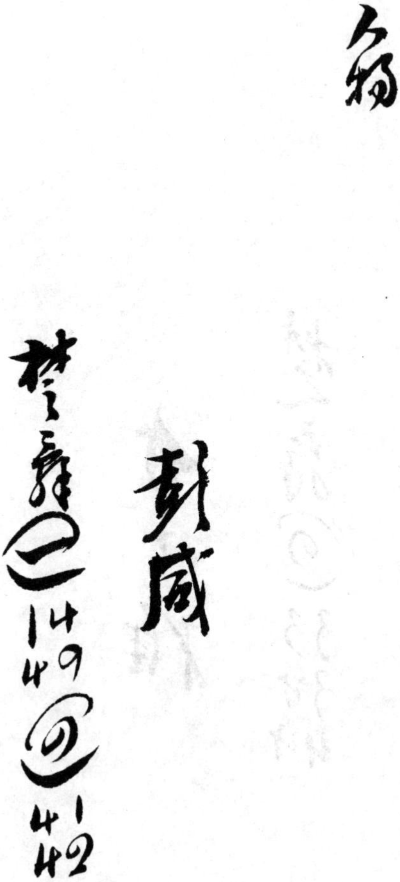

人物

才之難

楚辭(四)33 34 44

人物
申徒狄
楚辭の44

人物

九侯女

楚辭 九、九

# [redacted]人物

將飲酒炙未熟聞亂使告季子季子子路也爲孔氏邑宰○炙章夜反下同疏注季子至邑宰○正義曰論語稱子路爲季路則字季故呼爲季子也使告季子則季子在外下云食爲不辟其難是食孔之祿故知爲孔氏邑宰召獲駕乘車召獲衛大夫駕乘車言不欲戰○召上照反注同行爵食炙奉衛侯輒來奔季子將

季子

人物

呂望

札記(二)30(三)31(四)33(五)9